新しい教職教育講座 教職教育編
原 清治／春日井敏之／篠原正典／森田真樹［監修］

特別活動

中村 豊／原 清治［編著］

ミネルヴァ書房

新しい教職教育講座

監修のことば

　現在，学校教育は大きな転換点，分岐点に立たされているようにみえます。
　見方・考え方の育成を重視する授業への転換，ICT 教育や特別支援教育の拡充，増加する児童生徒のいじめや不登校への適切な指導支援，チーム学校や社会に開かれた教育課程を実現する新しい学校像の模索など。切れ間なく提起される諸政策を一見すると，学校や教師にとって混迷の時代に突入しているようにも感じられます。
　しかし，それは見方を変えれば，教師や学校が築き上げてきた地道な教育実践を土台にしながら，これまでの取組みやボーダーを超え，新たな教育を生み出す可能性を大いに秘めたイノベーティブな時代の到来ともいえるのではないでしょうか。教師の進むべき方向性を見定める正確なマップやコンパスがあれば，学校や教師の新たな地平を拓くことは十分に可能です。
　『新しい教職教育講座』は，教師を目指す学生や若手教員を意識したテキストシリーズであり，主に小中学校を対象とした「教職教育編」全13巻と，小学校を対象とした「教科教育編」全10巻から構成されています。
　世の中に教育，学校，教師に関する膨大な情報が溢れる時代にあって，学生や若手教員が基礎的知識や最新情報を集め整理することは容易ではありません。そこで，本シリーズでは，2017（平成29）年に告示された新学習指導要領や，今後の教員養成で重要な役割を果たす教職課程コアカリキュラムにも対応した基礎的知識や最新事情を，平易な表現でコンパクトに整理することに心がけました。
　また，各巻は，13章程度の構成とし，大学の授業での活用のしやすさに配慮するとともに，学習者の主体的な学びを促す工夫も加えています。難解で複雑な内容をやさしく解説しながら，教職を学ぶ学習者には格好のシリーズとなっています。同時に，経験豊かな教員にとっても，理論と実践をつなげながら，自身の教育実践を問い直し意味づけていくための視点が多く含まれた読み応えのある内容となっています。
　本シリーズが，教育，学校，教職，そして子どもたちの未来と可能性を信じながら，学校の新たな地平を拓いていこうとする教師にとって，今後の方向性を見定めるマップやコンパスとしての役割を果たしていくことができれば幸いです。

　　　　　　　　　　　　　　　監修　原　　清　治（佛教大学）
　　　　　　　　　　　　　　　　　　春日井敏之（立命館大学）
　　　　　　　　　　　　　　　　　　篠　原　正　典（佛教大学）
　　　　　　　　　　　　　　　　　　森　田　真　樹（立命館大学）

はじめに

　児童生徒を対象とする学校の教育課程は教科教育と教科外教育から編成されるが，特別活動は教科外教育と位置づけられている。この特別活動は，戦前からの学校行事と，戦後の新教育で導入された自由研究（小学校）・特別教育活動（中学校）が1968年に統合されたことにより誕生し，1977年改訂の学習指導要領において高等学校にも特別活動が位置づけられたことにより，小学校から高等学校までの12年間，同一名称の教育活動として現在に至っている。また，特別活動は「なすことによって学ぶ」ことと「望ましい集団活動を通して」行うことを方法原理とし，教科書のない授業として発展してきた。

　特別活動で児童生徒に育まれる資質・能力は多岐にわたり，学校教育における人間形成において重要な役割を果たしている。しかしながら，教科の授業のような評定値による成績がないこともあり，受験に直接役立つとは考えられていないため，ともすれば軽視される傾向がみられる。また，特別活動の指導は集団を対象とし，学年，異年齢，全校の児童生徒を対象にすることもあるが，これらの場面における指導力は一朝一夕で身に付くものではない。それらは，職場におけるOJTにより，先輩教員から教わり伝承されていくものである。

　ところで，近年の児童生徒を対象とする学校教育現場では，教員の年齢（経験年数）構成のアンバランスさや，校務の多忙化などが影響しているためか，教育現場の〈技〉や〈知恵〉が円滑に引き継がれなくなってきたように感じる。また，特別活動に熱心な教員がいる一方，特別活動の基礎的な考え方や指導方法を習得していない教員がみられる。これらの学校の現状について，問題意識を共有する教育現場の中堅教員からベテラン教員により編まれたのが本書である。

　先述したように特別活動は，小学校，中学校，高等学校ともに教科外教育として同一名称で教育課程に位置づけられており，基本的には各校種ともに類似する学習内容が繰り返し展開される。このことにより「中学校学習指導要領解

説特別活動編」では,「特別活動の全ての活動は,学級・学校文化の創造に直接関わる活動と言える」ことが説明されている。

　しかし,学校では集団としての学級がうまく機能しなくなっている状況がみられる。また,個の集まりが集団となるが,その集団成員である個は集団から様々な影響を受けている。それゆえ,良くも悪しくも集団からの圧力があることは否めない。だからこそ,よりよい集団となるように教員の指導力が問われることになり,集団を対象とする特別活動の果たす役割も大きくなる。

　教員の指導力向上には,教職実務経験の中で得ていくものに加えて,習得の基本となる学修が大切である。また,小学校から高等学校までの学びを連続して捉え,発達の段階を踏まえながら児童生徒の指導に当たることが大切である。

　そこで,小学校段階から高等学校までの実践をつなぎ,そこで育まれる児童生徒の資質・能力をみとり,具体的な教育実践に資する知見を提供できる入門書が必要であり,これからの教員養成に不可欠だという思いで本書を構成した。

　本書は,第3章までを理論編としている。第4章以降は具体的な小学校,中学校,高等学校における特別活動を説明している。また,学校では「合理的配慮」が義務となったことを踏まえ「特別な支援や配慮を要する児童生徒」に関する章を設けた。なお,本書では2017年改訂学習指導要領(平成29年告示)を新学習指導要領と表記する。

　ここで分担執筆者について紹介しておく。執筆者の多くは小学校,中学校,高等学校等の教員として実務経験を有しており,それぞれが異なる職場で勤務する中で,定期的に集まる研究会(自主的なゼミナール)を続けている。そこで共有する問題意識は,教職員の「同僚性」がよりよい教育の基盤であり,特別活動はそれを保障する重要な教育活動であるという共通認識である。

　最後に,本書が教職を目指す学生や経験年数の浅い教員の一助となれば執筆者一同の望外の喜びである。

2018年　岡田山聖和の森の梅花咲く頃に

編者代表　中村　豊

目 次

はじめに

第1章　特別活動の理論…………………………………………………i
　1　特別活動とは何か ……………………………………………… 1
　2　特別活動の変遷 ………………………………………………… 4
　3　特別活動の指導原理 …………………………………………… 9

第2章　特別活動が育む資質・能力………………………………17
　1　教育の目的・目標と学習指導要領の目標 ………………… 17
　2　特別活動で育つ資質・能力に関する考察 ………………… 22
　3　人間形成と特別活動ならびに積極的な生徒指導 ………… 29

第3章　特別活動の評価と方法……………………………………32
　1　学校における評価とは ……………………………………… 32
　2　評価のための規準づくり …………………………………… 35
　3　多様な評価方法 ……………………………………………… 42

第4章　児童生徒による自主的，実践的な活動…………………49
　1　小学校における児童会活動 ………………………………… 49
　2　中学校における生徒会活動 ………………………………… 52
　3　小中学校連携の取組み（いじめゼロサミット） ………… 55
　4　高等学校の生徒会活動実践事例 …………………………… 59

第5章　特色ある学校行事の実践…………………………………65
　1　よりよい学校生活を築くために …………………………… 65

2　文化的行事 …………………………………………………… 67
　　3　健康安全・体育的行事 ……………………………………… 70
　　4　勤労生産・奉仕的行事 ……………………………………… 73
　　5　その他の学校行事 …………………………………………… 76

第6章　特別活動と道徳教育ならびに総合的な学習の時間 ……… 79
　　1　カリキュラム・マネジメントの充実と教科等横断的な視点 … 79
　　2　特別活動と総合的な学習の時間との関連 ………………… 81
　　3　「道徳科」を要の時間とした道徳教育との関連 …………… 86
　　4　社会性や人間性を育む特別活動 …………………………… 90

第7章　生徒指導のガイダンス機能を生かした学級活動 ………… 94
　　1　自己理解・他者理解を深めるための取組みの必要性 …… 94
　　2　問題行動等を未然に防止するための取組み ……………… 99
　　3　人間関係づくりに役立つアサーション・トレーニング …… 102

第8章　小学校における指導の実際 ………………………………… 109
　　1　特別活動年間指導計画の作成 ……………………………… 109
　　2　学級活動の進め方 …………………………………………… 113
　　3　学級活動の指導の実際 ……………………………………… 120

第9章　中学校における指導の実際 ………………………………… 126
　　1　特別活動年間指導計画の作成 ……………………………… 126
　　2　学級活動の指導の実際について …………………………… 132

第10章　高等学校における指導の実際 …………………………… 142
　　1　年間指導計画と指導のポイントとは ……………………… 142
　　2　ホームルーム運営の基礎基本 ……………………………… 148

3　学校行事とホームルームでの指導……………………………………154

第11章　キャリア教育と進路指導………………………………………158
　　1　キャリア教育が推進される背景とキャリア教育で育てる力…………158
　　2　小学校段階におけるキャリア教育………………………………………160
　　3　中学校段階におけるキャリア教育………………………………………164
　　4　高等学校段階におけるキャリア教育と進路指導………………………166

第12章　特別な支援や配慮を要する児童生徒…………………………173
　　1　特別支援教育とインクルーシブ…………………………………………173
　　2　一人ひとりの児童生徒の人権を尊重することの大切さ………………178
　　3　問題行動等生徒指導上の諸課題を抱える児童生徒……………………182

　資料　小学校学習指導要領　第6章　特別活動　189
　　　　中学校学習指導要領　第5章　特別活動　192
　索　引　196

第1章 特別活動の理論

この章で学ぶこと

　2020年以降に全面実施される新学習指導要領においては，「特別の教科 道徳」の創設や，主体的・対話的で深い学びの実施が明記されている。とりわけ，道徳科の創設はこれまで「道徳の時間」として教科外教育に位置していた道徳教育を教科教育に位置づけ，系統的で実践的な学びを構築することが求められている。

　新学習指導要領は，2018年度から小中学校で先行実施され，全面実施に向けて学校現場はその対応に追われることが予想される。こうした現状の中で，特別活動も新たな局面を迎える。これまでどちらかといえば特別活動の領域の中で扱われていた道徳が教科となり，道徳科と特別活動というヨコの連携が必要となるのは戦後初めてのことである。

　本章では，特別活動の理念と変遷，原理を振り返り，これからの特別活動に求められる視点について理解を深めることを目的とする。また，特別活動において重要な個別指導と集団指導のあり方についても論じてみたい。

1　特別活動とは何か

（1）特別活動の理念

　「特別活動」とは，学校の教育課程における各教科，および道徳（小中学校）以外の教育活動の総称であると定義できる。

　その内容は，新学習指導要領によると，小学校では，学級活動，児童会活動，クラブ活動，学校行事，中学校では，学級活動，生徒会活動，学校行事，高等学校では，ホームルーム活動，生徒会活動，学校行事で構成されている。

　新学習指導要領第1章総則によると，「学校教育全体や各教科等における指

導を通して育成を目指す資質・能力を踏まえつつ，各学校の教育目標を明確にするとともに，教育課程の編成についての基本的な方針が家庭や地域とも共有されるよう努めるものとする」と示されている。これはまさに，学校教育の基本的理念である。

ここに示されている育成を目指す資質・能力は，各教科，（新学習指導要領においては）「特別の教科　道徳」，および特別活動の3領域を通じて達成されるべきものとなる。つまり，特別活動は，教科とともに学校教育の基本理念を支えているのである。

（2）特別活動の基本的性格
特別活動の基本的性格をまとめると，次のようになる。
① 特別活動は，教師と児童生徒，または児童生徒同士の人間的な交流を中心とする集団的教育活動である。

　教科教育には，その教科の知識や技能の体系があり，教科書がある教科教育は，それらの個人的学習が中心となる。それに比べて，特別活動は，集団活動，すなわち人と人とのぶつかり合いの中で人間をまるごと学ぶ活動である。いわば人間そのものが教科書となる。
② 特別活動は，すべての児童生徒がそれぞれの個性を発揮し，人格と人権をお互いに尊重し理解し合う，個性を育成する教育活動である。

　特別活動の範疇に含まれる学級会やホームルーム，クラブ活動や学校行事などを通じて，子どもたちは自分自身を再発見し，他人の個性を理解し，それをお互いが尊重し合い，伸びやかに発揮できるような人間関係の形成，調整の仕方やあり方を学ぶのである。
③ 特別活動は，自主的・実践的な教育活動である。

　特別活動は，「Learning by doing（なすことによって学ぶ）」という教育活動である。教科教育のように知識を記憶・習得する，もしくは何らかの技能を習得すればよいというものではない。知っている，理解しているだけではなく，実践できなければならない。また，実践する中で，さらなる水

準に高める必要がある。それは、教師から強要されたり、他律的に押しつけられたりするものではなく、児童生徒が自ら主体的に実践できるようになることが望ましいとされる。

④ 特別活動は、社会的適応力を養う教育活動である。

　教育とは、子どもたちを「社会化」させる営みであるともいえる。心身ともに健全なこととは、身体が健康であるだけでなく、精神的にも健全であることが必要なことはいうまでもない。社会の変化に対応できる力や、積極的に社会を改善しようという社会へ働きかけられる力を養う必要がある。不登校傾向にある子どもの増加、雇用環境の不安定さにより、社会とのつながりが弱くなってしまっている一部の若者の状況を鑑みると、学校における社会への適応力の育成は必要であるといえる。

⑤ 特別活動は、公民的な資質の向上を図る教育活動である。

　市民としての権利と義務、自由と責任を理解し、日常生活の中で具体的に実践できる能力を身に付けることを示している。社会的な連帯感を身に付け、市民として、また将来の有権者としての社会的な判断力と適切で有効な実践力を涵養する教育活動といえる。とりわけ、公職選挙法改正によって18歳に選挙権が与えられたことにより、高等学校において特別活動の果たす役割は大きくなっているといえる。

⑥ 特別活動の実践においては、地域や学校、児童生徒の実態に応じて、弾力的な運用を心がける必要がある。

　特別活動には原則として教科書がない。個性を尊重し、伸長させようとするならば、画一化や規格化、管理的な教育とはなじまない面がある。自主性や主体性を育てようとするならば、なおのことである。教師が先頭に立って強制する指導よりも、児童生徒の自主性を尊重し、教師はむしろ支援する姿勢が大切になる。特別活動は、支援者としての教師の創意工夫が最も大切であり、それがすべてであるといっても過言ではない。

2　特別活動の変遷

　学校の教育課程の中で，特別活動はどのような位置づけにあったのかを概観し，その本質について考えてみたい。

（1）戦前の特別活動
　戦前における教育思想は教育勅語であった。教育と徴兵は国家の重要事項であったため，政府が直轄するという中央集権的な性格を有していた。ゆえに，学校は天皇制国家における「臣民」としてふさわしい価値観や態度を育成することを目的としていた。
　このような体制下における特別活動は，一般に「課外活動」と呼称されており，儀式，運動会，遠足，学芸会など教科以外の諸活動を総称するような形で行われていた。
　教育勅語は1890（明治23）年に発布され，翌年には「小学校祝日大祭日儀式規定」が公布された。「忠君愛国」の精神を育てるため，祝日大祭には，児童生徒は登校し，御真影の拝礼，天皇・皇后両陛下に万歳奉祝，教育勅語奉読が行われた。この「小学校祝日大祭日儀式規定」には，日の丸の掲揚は規定されていないが，祝祭日には，校門と式場に日の丸の旗を掲げる学校がほとんどであった。1893（明治26）年には，文部省（現文部科学省）は「祝日大祭日唱歌」を定め，学校の儀式では君が代とともに斉唱されるようになった。
　運動会は，日清・日露戦争での戦意高揚とあいまって広く学校に普及し，そのプログラムは格闘技や競走競技，体力や耐久力を競うなど，軍事教練的なものが多かった。遠足も整然と隊列を組み，ときには軍歌を合唱しつつ行進するという行軍的色彩の強いものであった。
　修学旅行は，1886（明治19）年の東京師範学校の「長途遠足」に始まるといわれている。鉄道網の整備につれ大正期に入って広く普及したが，国家主義思想，皇国史観などの影響を受けているため，伊勢神宮への参拝旅行が多かった。

大正期に入ると，いわゆる大正デモクラシーの影響を受けて，自由教育が台頭し，児童生徒の自主活動や協同をもとにした学校生活の改造運動がみられるようになった。たとえば，演劇や音楽教育に芸術性や全人格的教育をねらった動きが出現し，学芸会などにその成果が現れ始めた。このような児童生徒の自主性や創意性を育てようという運動は，画一的統制によって国家主義的な意識に教化しようという政府の教育方針とは異なるものであった。

しかし，昭和10年代になると軍事色がいっそう強まり，これらの動きは抑圧され，ついに1941（昭和16）年には，小学校は国民学校に改組されるに至り，軍国主義一色の教育になっていった。

このように，明治，大正，昭和と続く戦前の日本の学校でも，いろいろな教科外の教育活動が実施されていたが，それらは「課外活動」として位置づけられ，教科教育の補完的役割と精神教育の一端を担っていた。したがって，特別活動の固有の教育的価値の評価は，戦後を待たなければならなかった。なお，道徳は，「修身」という名称で正規の教科であった。

（2）戦後の特別活動

戦後の教育は，戦前の勅令主義に対して，法令主義ということができる。それは，日本国憲法，教育基本法を基本とする民主主義教育である。民主教育の理念によって，「課外活動」の教育的価値や意義を見直し，学校の教育課程の中にどう位置づけ，教育目標と内容をいかなるものにし，またその教育原理をどうするかからの再出発であった。

戦前の「教授要目」にかわり，学習指導要領が初めて示されたのは，1947（昭和22）年である。同年4月，国民学校は小学校にもどり，新しく，いわゆる新制中学校と新制高等学校が始まった。

そこで，戦後の学校教育における特別活動の変遷について学習指導要領を中心に概観してみよう。

① 1947（昭和22）年版

小学校では，各教科の時間の他に，「自由研究」が設けられ，第4学年以上

に配当された。教科の一つとして設けられ，児童の能力と興味に応じて，学習を進める教科の発展として考えられた。中学校・高等学校では，選択教科の一つとして設けられた。

② 1951（昭和26）年版（試案）

　小学校では，「自由研究」が廃止され，「教科以外の活動」となった。その内容は，①全校児童が学校の民主的運営に参加できるよう，児童会，各種委員会，児童集会などをつくること，その活動を保障，育成すること，②学級を単位とする学級会，種々の委員会活動を育成すること，③クラブ活動の育成，などであった。

　1949（昭和24）年から中学校では，「新制中学校の教科と時間数の改正について」によって，高等学校でもそれとの関連において，「自由研究」の内容を拡充整理するということで，「特別教育活動」を設置したが，その内容は，上記とほぼ同じであった。

　この「教科以外の活動」は，教科と並んで教育課程の中に位置づけられ，そのねらいと内容が明確にされたのであるが，とくに時間配当を示さず，校長や教員が必要に応じて時間設定をすることとしていたこともあり，その実施状況は，学校によって様々であったり，活動内容，範囲も他の活動と重複したりして，必ずしも十分な成果はあがらなかった。また，学校教育法施行規則の中には規定されないままであった。

③ 1958（昭和33）年版

　従来の学習指導要領が，試案という形式であったのに対して，告示という形式で公布された。これにより文部省は，学習指導要領には法的拘束力があるという立場をとるようになった。

　主な改正点は，特別教育活動と学校行事をそれぞれ独立の領域とし，各教科，道徳と並んで4領域で教育課程を構成することになった。そして，これを学校教育法施行規則の中に規定し，明確な位置づけをした。なお，高等学校は，1960（昭和35）年版からで，道徳がないため3領域構成である。

④ 1968（昭和43）・1969（昭和44）年版

　教育課程審議会は，1966（昭和41）年に，教育課程の改訂について「各教科及び道徳と相まって人間形成上，重要な役割を果たす特別教育活動と学校行事を統合して，新たな特別活動とする」よう答申した。

　これを受けて，小学校では，1968（昭和43）年版の学習指導要領で各教科，道徳，特別活動の3領域で教育課程を構成することとなった。この特別活動の内容は，児童会活動，学級指導と学校行事で，正規の授業として実施することになった。

　中学校では，1969（昭和44）年に同様の改訂を行った。高等学校では，1970（昭和45）年に，特別教育活動と学校行事を統合し，新たに「各教科以外の教育活動」を設けることになった。

⑤ 1977（昭和52）年版

　1976（昭和51）年，教育課程審議会は，「教育課程の基準の改善」について答申した。その基本方針の要点は，「①人間性豊かな児童・生徒を育てる。②ゆとりのあるしかも充実した学校生活にする。③国民として必要とされる基礎的・基本的な内容を重視するとともに，児童・生徒の個性や能力に応じた教育が行われるようにする」であった。

　そして，特別活動については，「基本的性格は，現行どおりとするが，その活動については，学校の創意を生かして一層の充実を図るようにする。そのさい，勤労にかかわる体験的な学習の必要性にかんがみ，各学校に応じた，たとえば，勤労・生産的行事やクラブ活動としての生産的活動などの充実を図る」ことが示された。

　この答申に基づいて，1977（昭和52）年，小中学校の学習指導要領が改訂された。特別活動の改訂の中心は，①これまでの目標に加えて「自主的・実践的態度を育てる」としたこと，②内容を学級活動，児童（中学校は生徒）会活動，クラブ活動，学校行事としたこと，③学校行事の中に，勤労・生産的行事を加えたこと，などであった。

　高等学校では，1978（昭和53）年の改訂で，「各教科以外の教育活動」と称し

ていたのを「特別活動」と名称を変更し，小中学校との一貫性を図ることとなった。

⑥　1989（平成元）年版

　小中学校，高等学校の学習指導要領が同じ年にそろって改訂されたのは，このときが初めてである。小中高等学校の一貫性が重視され，学習指導要領における特別活動の目標もほぼ同一の表現になった。内容としては，「学級指導」という名称から「学級活動」に変更したのはここからである。

⑦　1999（平成11）年版

　この改訂で最も大きな変更は，中学校および高等学校の特別活動から「クラブ活動」が廃止され，課外活動と定義されたことである。小学校においては現在においても特別活動の一つとされているクラブ活動であるが，中学校および高等学校における部活動は特別活動の領域から廃止され，現在に至っている。

⑧　2008（平成20）年版

　学級活動の内容の共通事項が明示された。学級や学校の生活づくりでは，ア．学級や学校における生活上の諸問題の解決，イ．学級内の組織づくりや仕事の分担処理，ウ．学校における多様な集団の生活の向上の3つが示された。また，日常の生活や学習への適応および健康安全では，ア．希望や目標をもって生きる態度の形成，イ．基本的な生活習慣の形成，ウ．望ましい人間関係の形成，エ．清掃などの当番活動等と働くことの意義の理解，オ．学校図書館の利用，カ．心身ともに健康で安全な生活態度の形成，キ．食育の観点を踏まえた学校給食と望ましい食習慣の形成の7つが示された。また，中学校においては，学業と進路として，ア．学ぶことと働くことの意義の理解，イ．自主的な学習態度の形成と学校図書館の利用，ウ．進路適性の吟味と進路情報の活用，エ．望ましい勤労観・職業観の形成，オ．主体的な進路の選択と将来設計，の5つが追加されている。特筆すべきは食育の観点が示されたことである。2006（平成18）年に食育基本法が制定され，学習指導要領でも学校給食を中心に食育に関する記述がされており，特別活動の領域の中に明記されている。また，道徳教育と特別活動の特質を踏まえながら適切な指導をすることも求められている。

⑨ 2017（平成29）年版

　最も大きな変更点は，道徳の扱いが特別活動の領域から「特別の教科　道徳」となったことである。道徳は「教科」として扱われるため，教科書がつくられることになる。一方で，主要教科のように評定などの数値による評価は行わないことや，すべての教科や特別活動との関連を考慮しながら年間計画を作成することが求められる。

　特別活動では「1　目標」において，①多様な他者との協働，②話合い活動や意思決定，③人間関係の形成と自己実現，の3つが明記された。前回の改訂で明記された項目についてそれぞれ説明がなされている。また，小学校では，幼稚園教育要領と関連した指導や低学年での配慮，キャリア形成と自己実現についての指導をすべきことが求められている。とくに，幼児期の終わりまでに育っておいてほしい姿との関連を考慮することや，さらに，小中学校すべてにおいて，障害のある児童生徒への計画的，組織的な指導や，集団の場面で必要な指導や援助を行う必要のある児童生徒への対応のあり方などへの言及がなされている。

3　特別活動の指導原理

（1）学校における特別活動の原理

　特別活動は，学校の教育活動全般を通して行われるべき性格をもっており，学級活動やホームルームの時間だけで指導されるべきものではない。そのような見地に立って考えるならば，特別活動は生徒指導と並んで「領域」的な概念だけでなく「機能」的な概念をもあわせもっているといえる。これは，特別活動の指導原理を考える上において，よく議論に上る点なので，以下に簡単に整理してみたい。

　まず，「領域」的な概念としての代表的な時間に，週に1時間以上ある「学級活動（ホームルーム活動）」がある。これは，国語や数学といった教科指導に匹敵する時間であり，学年やクラスの共通した問題を討議・検討するだけでな

く，学級運営という目的に応じた，特別活動に独自の領域をもっている。もちろん，これまでの道徳の時間やクラブ活動（小学校）なども時間割の中には組み込まれており，教科指導と同様の「領域」を有する。実際，教育現場においては国語や数学などの教科科目を「主」とし，これら特別活動の時間を「従」とみる向きも多いが，原則としては，学校教育法施行規則には「選択教科等に充てる授業時数は，選択教科の授業時数に充てるほか，特別活動の授業時数の増加に充てることもできる」という授業時間数の割当の上からも十分「領域」的な取扱いをされている。また，最近の傾向として，学校運営上の事情から特別活動の時間の増減はありうるが，とくに，受験指導などに重点を置いて教科指導を行っているような学校を除いては，時間を減じられる学校は少なく，時間割どおりの運用の中で，適宜，特別活動の時間が設定されているのが実情だといえる。

　次に，特別活動を「機能」的な概念から考察してみると，多くの場合，日常の教科指導の中には特別活動の占める割合が大きい。生徒一人ひとりを生かす教育の原則に立つならば，教科指導の時間も新学習指導要領の小学校から高等学校までに共通した特別活動の目的としての「望ましい集団活動」の場としての側面をもち，「集団の一員としての自覚（態度）を深め」る「機能」を有するのである。教科指導の時間の中にも特別活動の目的要素は内在されており，教科指導のみを行えばよいという単純なものではない。つまり，教科指導と特別活動は「機能」的に重なり合う部分が多いのである。

　生活指導と同様に特別活動も「一人ひとりの児童，生徒のもつ諸条件（素質，環境，成育歴，将来の進路など）に即して，現在の生活に適応し，個性を伸長させ，その所属する集団生活の向上を図るとともに，その中で自己実現ができるような資質，態度を形成していくための指導や援助である」という定義によるならば，現在の教育現場における特別活動は「機能」「領域」の両面において最も重要かつ根本的な教育活動の一つであるということができる。

　このような原理に基づいて展開される特別活動を運営する場合に，とくに注意しなければならない点が「指導原理」としての集団指導と個別指導のバラン

スの問題である。以下にその点についての指導と実践を考察していくこととする。

（２）特別活動における集団指導と個別指導
① 「個別指導」と「集団指導」の関係

　学習指導要領に記されている特別活動の目的には，小学校・中学校・高等学校を通して，共通した２つの指導観が貫徹している。１つは個人の伸長や成長に資するもの，もう１つは集団としての向上や確立に資するものである。その両側面を体現する場合の指導には，それぞれ「個別指導」と「集団指導」の方法がとられているのはいうまでもない。

　個別指導と集団指導の関係は図１-１のようなものである。

　特別活動は，学校生活が生徒一人ひとりにとっても，またクラスや学年，さらには，学校などといった集団にとっても有意義で，充実したものになるように策定されたものであり，それが結果的には生徒一人ひとりの「心身の調和のとれた発達と個性の伸長」につながるのである。その意味から，特別活動の指導においては「個別指導」と「集団指導」のどちらの方法もとられるのが望ましく，両者ともに重要な指導方法である。

　では，どのような状況において，それらの指導方法をとるのが望ましいのであろうか。以下では，特別活動における「個別指導」と「集団指導」の方法と実践について，考察を進めてみたい。

② 「個別指導」の方法と実践

　「個別活動」とは生徒一人ひとりの個性を理解することがまず出発点である。しかし，教師はそれをどの程度正確に把握できるのであろうか。その点について梶田叡一（1978）は以下のように指摘している。

・教師間の個人差が大きい。たとえば同じ学校の教師の生徒評価を見ると「Ａ」の評価をつけたのが１項目につ

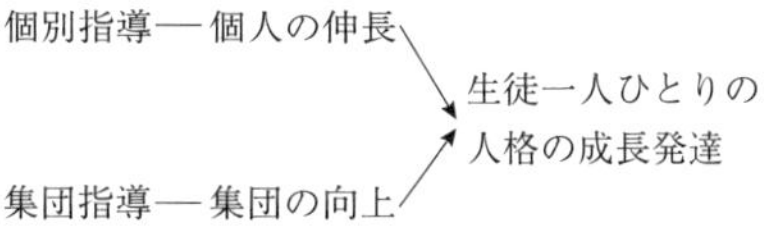

個別指導——個人の伸長
集団指導——集団の向上
　　　　　　＼
　　　　　　生徒一人ひとりの
　　　　　　人格の成長発達

図１-１　個別指導と集団指導
出典：筆者作成。

き9.4人から2.9人，「C」は8.4人から0人までの開きがあった。
- 生徒の性別によって偏りがある。たとえば，男子生徒には「根気強さ」，女子生徒には「幸福感・明朗性」など，性別によって問題にされる項目が偏っている。また，男性の教師は一般的に女子生徒に対する評価があまい。
- 学習成績の良い生徒には，性格・行動にもよい評価を与えやすい。光背効果や教師の「思い込み」が作用していると考えられる。
- 教師自身は公平に生徒を見ているつもりでいても，検証してみると，主観に左右されていることが多い。指導要録の評定に限らず日常の観察や指導の中でも，絶えず潜在的に主観が作用している。「自分は公平だ」と過信している教師は，生徒が「先生は不公平です」と主張しても耳を貸そうとしない。それがまた，生徒の不信感を強めている例は非常に多い。偏見の恐ろしさは，偏見をもっている人自身が「自分は絶対に偏見をもっていない」と確信しているところにある。教師は人間として必然的に生まれてくる偏見を，自ら厳しく批正する努力を忘れてはならない。

　これらの指摘からも明らかなように，特別活動における「個別指導」には，事実に基づいて客観的に生徒を理解する「目」が重要となる。そのためには，生徒の行動記録のチェックリストをつくり，継続的に観察理解していく方法などが，客観的に「個別指導」をする一つの方法ともいえる。

　次に，「個別指導」をする場合の教師と生徒の関係については，どうあるべきなのか。河原政則（1982）の指摘から両者の関係を引用して考察してみたい（図1-2）。

　〈a〉の教師中心の関係では，教師の価値観や考え方を指導という名目で，生徒に対して一方的に押し付ける格好となってしまいがちである。この場合には，生徒に自主的，創造的な態度は形成されず，その姿勢が次第に受け身になっていく。まだ規範が定まらない児童や自発的な行動ができない生徒に対しては確かに有効な関係ではあるが，指導の発展性がない。

　〈b〉の生徒中心の関係では，教師は生徒の要求を受け，それを見守るという立場になる。一見すると，生徒の自発性を尊重しているかのようであるが，

多くの場合，思いもかけない方向に走ってしまったり，生徒の言いなりになったりする傾向があり，指導が進まない。

〈c〉の相互主体的関係は，教師と生徒が相互に主体的な関わり合いをもつ。ときとして賛成し，ときとして反対するという人間的な関わりの中から，徐々に方向性を定めて，指導していく関係であるともいえる。「個別指導」において「自主的，実践的な態度を育て」るのには，最も適した関係である。

しかし，特別活動を展開する場合には「一人ひとりを生かす教育」とともに集団の向上もその重要な目的の一つである。それでは「個別指導」と「集団指導」は，どのような関わりをもつのであろうか。以下に「集団指導」の方法を述べるとともに，その関係についても考察してみたい。

③ 「集団指導」の方法と実践

特別活動における「集団指導」は，新学習指導要領の「望ましい集団生活を通して……」や「集団の一員として……」にもみられるように，指導方法としては非常に重要な側面をもつ。生徒の側からみても，「集団」は，その生活を通して生活文化を学び，民主的で文化性をもった行動の様式を身に付けるためのものであり，自分を取り巻く仲間や集団としてのクラスとの関わり合いの中から，集団の認識や自他の認識を形成するための場である。とりわけ，特別活動における「集団」にはホームルームを単位としたものだけでなく，学校を縦断的・横断的にみた「集団づくり」も可能である。

たとえば，縦断的な集団としては，校外の生活分団などの学年の枠を越えた上級生，下級生合同の活動や部活動，専門学科をもつ高校などにみられるような学年に関係のない学科やコース単位の縦割りの活動などがその例である。そ

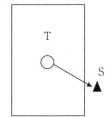

〈a〉教師中心の関係

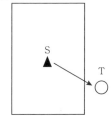

〈b〉生徒中心の関係

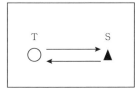

〈c〉相互主体的関係

T：教師　S：生徒

図1-2　個別指導

出典：河原，1982，64頁。

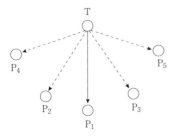

〈a〉1対1の関係

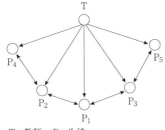

〈b〉1対多の関係

T：教師　P：生徒

図1-3　集団指導

出典：河原, 1982, 66頁。

のような縦断的集団は異なった年齢の生徒集団であるから，活動を通して先輩・後輩の関係を学び，お互いの年齢を考慮した思いやりや気遣いを覚えていくのである。

また，横断的な集団としては，班やクラスを単位としたものだけでなく，児童会・生徒会などのような集団や，同一学年の他のクラスなどとの合同編成や同一の目的をもった同じ学年の生徒の集団（たとえば高等学校の文科系，理科系の分離や科目選択によるグループなど）がある。横断的集団は自分と同年齢の集団であるから，発達課題を共有することができ，友達に対する信頼や友情を育てるのに有効である。また，リーダーシップやフォロアーシップを学ぶことを通して，自主性や自発性を培うこともできる。

「集団指導」では教師が集団の中に入り，そのメンバーとして集団の指導援助にあたるが，あくまでも教師として参入するのであって，集団のワンオブゼムになるのではない点に注意が必要である。学校清掃を例にとってみれば，教師はただ生徒の作業の割り振りを決め，後は生徒に任すというだけではない。ときには生徒と一緒に掃除をする姿勢も大切である。しかし，教師としての役割は掃除をするだけでなく，全体に目を配り作業の進行をチェックし，さぼったり要領を得ない生徒には指導していくことが本来の姿であることを忘れてはならない。では，「集団指導」における教師と生徒の関係についてはどうであろうか。ここでも河原（1982）を参照して考えてみたい（図1-3）。

「集団指導」における教師と生徒の人間関係は〈a〉の1対1の関係から始まることも少なくない。たとえば，クラブの担当教師が技術的にやや不足のある

生徒に対して1対1の指導をした場合，その指導が的確で温かなものであればあるほどその生徒は自己努力をするようになっていく。それを周囲にいる生徒は見ており，たとえ自分が直接指導を受けなかったとしても，その教師に対する信頼感が生まれ，自分たちも努力するようになる。

教師にとっては，一人の生徒に対する1対1の指導であるが，実は集団内の多くの生徒へ〈b〉のような1対多の関係として発展していくのである。

逆に〈a〉の関係をつくるのに失敗した場合には〈b〉のように多くの生徒をも含んで信頼を失い，反抗的な態度をとられるようになってしまうのである。

特別活動のように，生徒との人間関係を前提として指導しなければならない活動では，個別指導が同時に集団指導につながっていくのである。

加えて，特別活動における教師の指導力や力量が生徒に与える影響力は，教科指導におけるそれよりも大きい。そして，特別活動を通して受けた生徒の評価は，そのまま親の評価へとつながっていくことも忘れてはならない。

特別活動が，生徒の自治的集団活動であることは先述のとおりであるが，それは換言すれば，生徒集団が特別活動の編成主体であるということである。理想的に考えれば，特別活動はその目標と計画にしたがって，生徒集団が主体的・民主的に意思決定でき，運営することのできる力を涵養するものであり，活動を通して「仲間に働きかけたり組織したり，集団の意志を形成し行動を統制する能力，集団の見通しをたてたり総括したりする能力」を獲得していくのである。しかし，これは，教師の指導助言を必要としないということではない。最近の傾向として，児童生徒の自治能力が弱くなってきていることは周知の点である。文化祭や体育祭などでのクラスの活動は放任しておくと平易なものへと流れていく傾向がみられる。このような状況においては，まず，教師の要求が生徒に受け入れられるまでに葛藤がある。そこで，教師の側が屈してしまっては生徒の資質は向上しないのである。そのときこそ教師は自信をもって指導に乗り出さねばならない。「個別指導」の延長線の上に「集団指導」が生きるという考え方に立つならば，この両者の指導方法を適宜，使い分けながら指導

していくことが必要なのである。

引用文献
麻生誠・木原孝博編（1991）『子どもはどう育つか』有信堂。
梶田叡一（1978）『教育指導の基本視座』金子書房。
河原政則（1982）「生徒指導の体制と方法」『生徒指導』有信堂，84〜113頁。
原清治・檜垣公明（2010）『深く考え，実践する特別活動の創造』学文社。
文部省（1965）『生徒指導の手引き』第１章。
文部科学省（2008）『小学校指導書特別活動編』東洋館出版社。
文部科学省（2009）『小学校学習指導要領』東京書籍。
文部科学省（2010）『高等学校学習指導要領解説特別活動編』海文堂出版。
文部科学省（2011）『生徒指導提要』教育出版。
文部科学省（2015）『中学校学習指導要領』東山書房。
文部科学省（2015）『高等学校学習指導要領』東山書房。
文部科学省（2016）『中学校指導書特別活動編』ぎょうせい。
山崎英則・南本長穂（2017）『新しい特別活動の指導原理』ミネルヴァ書房。

学習の課題

(1) 教育課程において，特別活動とは何かについて整理してみよう。
(2) 特別活動を通して，児童生徒にどのような力を育みたいのか，そのねらいについてまとめてみよう。
(3) 特別活動における「個別指導」と「集団指導」とは何か，について考えてみよう。

【さらに学びたい人のための図書】
ショーン，ドナルド・A.／柳沢昌一・三輪建二訳（2007）『省察的実践とは何か　プロフェッショナル』鳳書房。
　　⇨教員という専門職にあっては，自身の行為を省察し，実践を通して知識を生成する「省察的実践者」たるべき視点が求められている。
佐藤学（2015）『専門家として教師を育てる』岩波書店。
　　⇨わが国の教員養成制度の問題を明らかにしつつ，世界の動向も含めた教職の高度専門化を明らかにしている。
原清治・森田薫（2009）『教師　魂の職人であれ』ミネルヴァ書房。
　　⇨現職教員と教育研究者のコラボレーションにより，教育現場における理論と実践をいかに融合すべきかを論及している。

（原　清治）

第2章 特別活動が育む資質・能力

この章で学ぶこと

特別活動は「なすことによって学ぶ」ことを方法原理とし，集団活動を通して，児童生徒が学校生活を送る上での基盤となる力や社会で生きて働く力を育む活動として機能している。本章では，教科外教育である特別活動において，児童生徒に育む資質・能力についての理解を深める。そのために，まず日本の教育に関する法律の階層構造について確認し，学習指導要領の法的な位置づけについて整理する。次に，新学習指導要領に示された特別活動の目標について検討する。それを踏まえ，発達の段階に留意しながら，特別活動の特質である集団活動を通してどのような資質・能力が育まれるのかを考察していく。

1 教育の目的・目標と学習指導要領の目標

(1) 法的な構造

小学校および中学校では2019年度より新学習指導要領（2017年3月告示）による教育が行われる。新学習指導要領は，教育基本法，学校教育法等を踏まえながら「未来社会を切り拓くための資質・能力」を育成することに重点が置かれている。また，2008年に改訂された学習指導要領の構造と内容は基本的に維持されていることから「生きる力」を育成することも踏襲されている。

ところで，日本の法律は，日本国憲法を頂点とする階層構造になっており上位法と下位法がある。教育関係法規の最上位にある法律は，2006（平成18）年12月22日公布，施行の教育基本法である。教育基本法第1条には次のとおり〈教育の目的〉が示されている。「教育は，人格の完成を目指し，平和で民主的な国家及び社会の形成者として必要な資質を備えた心身ともに健康な国民の育

成を期して行われなければならない。」

　続く第2条には〈教育の目的〉を実現するために〈教育の目標〉として5つの事項があげられ，第5条2項には〈義務教育の目的〉が次のとおり規定されている。「義務教育として行われる普通教育は，各個人の有する能力を伸ばしつつ社会において自立的に生きる基礎を培い，また，国家及び社会の形成者として必要とされる基本的な資質を養うことを目的として行われるものとする。」

　児童生徒の指導に関わる法律の筆頭は学校教育法である。学校教育法は教育基本法に規定された学校教育について，教員の職務，学習指導の目標，教育課程編成等について具体的に規定している。また，学校教育法に規定された内容について，詳細にわたり規定したものが学校教育法施行規則である。

　学校教育法第30条は，小学校における〈学習指導の目標〉が規定されているが，2項において「前項の場合においては，生涯にわたり学習する基盤が培われるよう，基礎的な知識及び技能を習得させるとともに，これらを活用して課題を解決するために必要な思考力，判断力，表現力その他の能力をはぐくみ，主体的に学習に取り組む態度を養うことに，特に意を用いなければならない」と示されている。これを要約し再掲すると，学校における〈学習指導の目標〉は，〈生涯にわたり学習する基盤〉を培うために，以下の3点にあるといえる。

① 　基礎的な知識および技能を習得させる
② 　思考力，判断力，表現力その他の能力を育む
③ 　主体的に学習に取り組む態度を養う

　上にあげた目標は，「小学校学習指導要領解説総則編」（2017（平成29）年6月）に述べられている以下の改訂の基本方針にもつながる重要な点である。

> 　今回の改訂では，知・徳・体にわたる「生きる力」を子供たちに育むために（中略）全ての教科等の目標及び内容を「知識及び技能」，「思考力，判断力，表現力等」，「学びに向かう力，人間性等」の三つの柱で再整理した。

（2）「学習指導要領」と「生きる力」

　学校教育法施行規則では，小学校，中学校，高等学校，特別支援学校などの教育課程の基準は「学習指導要領」によること，つまり，「学習指導要領」の法的拘束力が規定されている。それぞれの校種で関連するのは，小学校では第50条・第51条・第52条。中学校では，第72条・第73条・第74条。高等学校では第83条・第84条。特別支援学校では，第126条・第127条・第128条・第129条に規定されている。

　「学習指導要領」には，小学校，中学校，高等学校等ごとに，教科および教科外の目標や教育内容が定められている。また，教科および教科外の年間標準授業時数は学校教育法施行規則に規定された別表に定められている。学校は，それを踏まえ教育課程を編成し，「生きる力」を育んでいる。

　次に「生きる力」について確認しておく。1998（平成10）～1999（平成11）年度告示以降の学習指導要領では，児童生徒の「生きる力」を育むことが目指されている。

　「生きる力」とは，〈確かな学力〉（知），〈豊かな人間性〉（徳），〈健康体力〉（体）のバランスのとれた総合的な力を意味する概念であり，教科および教科外の授業をはじめ，あらゆる教育活動を通して養成される力である。

　新学習指導要領では，従来の「生きる力」を具体化することで，教育課程全体を通して育成を目指す資質・能力を3つの柱（「知識及び技能」「思考力，判断力，表現力等」「学びに向かう力，人間性等」）で再整理している。このことと特別活動との関連については後述する。

（3）現代社会の課題と特別活動への期待

　学校教育には，社会のニーズに応えるという側面がある。それゆえ新学習指導要領には，複雑で変化の激しい現在以降の日本社会において求められる資質・能力を育成するという視点が反映されている。それでは，今日的課題を受けて，特別活動にはどのようなことが求められているのか。このことについて，「小学校学習指導要領解説特別活動編」（2017年，以下，「解説」）を手がかりに述

べていく。

　2017年現在，日本では選挙権が18歳に引き下げられたが，投票率は低迷しており，若者の社会参画の意識の低さが課題となっている。そのような状況の中で学校教育には，児童生徒の自治的能力を育むことが強く求められている。また，学校卒業後の早期離職の実態や，近年の〈フリーター〉および〈ニート〉に関する社会的課題を受けて，キャリア教育を学校教育全体で進めていくことが定められた。特別活動は，キャリア教育の要の時間としての役割が期待されている。

　他方，特別活動には，阪神・淡路大震災以降，東日本大震災に至る様々な災害を教訓とした防災を含む安全教育等，各教科等の学習と関連づけながら，体験活動を通し，多様な資質・能力を育成することが求められている。

　さらに学校教育には，卒業後の生徒の社会的自立を図ることが重要な役割として求められている。上述したキャリア教育に関連し，「社会人基礎力」（経済産業省，2006）という新しい概念も提示されている。既述のごとく新たに「キャリア教育」が小学校段階から教育課程に位置づけられたことにより，特別活動には〈進路指導〉を含む〈キャリア教育〉の要の時間としての役割が期待されているのである。

　ところで，「解説」には，従来の〈特別活動の成果と課題〉が示されている。まず，「協働性や異質なものを認め合う土壌を育むなど，生活集団，学習集団として機能するための基盤となるとともに，集団への所属感，連帯感を育み，それが学級文化，学校文化の醸成へとつながり，各学校の特色ある教育活動の展開を可能としている」ことが成果としてあげられている。続いて，3つの視点において次の6点が課題とされている。

① 「各活動・学校行事において身に付けるべき資質・能力は何なのか，どのような学習過程を経ることにより資質・能力の向上につなげるのかということが必ずしも意識されないまま指導が行われてきた」こと。

② 「特別活動が各教科等の学びの基盤となるという面もあり，教育課程全体における特別活動の役割や機能」を明らかにすること。

③ 「内容や指導のプロセスの構造的な整理」が不十分であり，「各活動等の関係性や意義，役割の整理が十分でないまま実践が行われてきた」こと。
④ 「社会参画の意識の低さが課題となる中で，自治能力を育むことがこれまで以上に求められている」こと。
⑤ キャリア教育の要の時間として「特別活動が果たす役割への期待が大きい」こと。
⑥ 「防災を含む安全教育や体験活動など」教科等横断的な視点で，「特別活動において育成を目指す資質・能力を示す必要がある」こと。

次項では，上に示された課題を踏まえ，大きく見直された特別活動の目標について述べる。

（4）特別活動において育成することを目指す資質・能力

国立教育政策研究所の「資質・能力を育成する教育課程の在り方に関する研究報告書1――使って育てて　21世紀を生き抜くための資質・能力」（2015（平成27）年3月）では，資質・能力に関する学術的な検討を行い，学習過程との関連から資質・能力の概念を以下のように整理している。

① ある対象を学ぶスタート時点では，その対象の内容（知識）と資質・能力を分けて考える。前者を新しく学ぶために，後者を使って「他者や事物と関わり合う」学習に従事する。
② 学習が進むにつれて，その対象が子どもの中の「生きて働く知識」となり，資質・能力の支えや重要な要素となってくる。同時に，その知識の身に付け方＝学び方も資質・能力の支えや重要な要素となってくる。
③ この内容知と方法知が融合した資質・能力が，さらに高次な学習のスタートに使われる。

また，「資質・能力」には，次の多様な側面があることをあげている。

- 「学び始めには学習に使う手段，学び終わりでは学習内容も含み込んだ次の学習のための手段」と捉えることができる（したがって，方法知でありつつ，内容知も含み込んだものとみなすことができる）。

- 「知識の質向上のために不可欠の手段かつ目標」と捉えられる。
- 「『資質』を中心に人格に関わるもの」とも捉えられる。

さて,「解説」では次のように特別活動を定義している。「特別活動は,様々な構成の集団から学校生活を捉え,課題の発見や解決を行い,よりよい集団や学校生活を目指して様々に行われる活動の総体である。」

「解説」で新たに定義された特別活動であるが,そこで育まれた資質・能力は,学校卒業後の社会生活に生かされていることが評価されている。これを踏まえ,新学習指導要領では,特別活動を指導する上で重要な視点を「人間関係形成」「社会参画」「自己実現」の3点に整理し,以下のとおり目標を定めている。

> 集団や社会の形成者としての見方・考え方を働かせ,様々な集団活動に自主的,実践的に取り組み,互いのよさや可能性を発揮しながら集団や自己の生活上の課題を解決することを通して,次のとおり資質・能力を育成することを目指す。
> (1) 多様な他者と協働する様々な集団活動の意義や活動を行う上で必要となることについて理解し,行動の仕方を身に付けるようにする。
> (2) 集団や自己の生活,人間関係の課題を見いだし,解決するために話し合い,合意形成を図ったり,意思決定したりすることができるようにする。
> (3) 自主的,実践的な集団活動を通して身に付けたことを生かして,集団や社会における生活及び人間関係をよりよく形成するとともに,自己の生き方についての考えを深め,自己実現を図ろうとする態度を養う。

次節では,特別活動の目標にあげられている資質・能力について考察する。

2 特別活動で育つ資質・能力に関する考察

(1)「メタ認知」および非認知的能力(社会情緒的能力)の重要性

前節で述べたとおり,「小学校学習指導要領解説総則編」では,改訂の基本方針として,①知識および技能が習得されるようにすること,②思考力,判断力,表現力等を育成すること,③学びに向かう力,人間性等を涵養することを

あげている。この③の「学びに向かう力，人間性等」は，〈情意や態度等〉に関わるものであり，上述の基本方針①②以上に，学校の実態に応じた指導のねらいを設定していくことが重要であるとされている。その理由を以下のように説明している。

> 児童一人一人がよりよい社会や幸福な人生を切り拓(ひら)いていくためには，主体的に学習に取り組む態度も含めた学びに向かう力や，自己の感情や行動を統制する力，よりよい生活や人間関係を自主的に形成する態度等が必要となる。これらは，自分の思考や行動を客観的に把握し認識する，いわゆる「メタ認知」に関わる力を含むものである。こうした力は，社会や生活の中で児童が様々な困難に直面する可能性を低くしたり，直面した困難への対処方法を見いだしたりできるようにすることにつながる重要な力である。また，多様性を尊重する態度や互いのよさを生かして協働する力，持続可能な社会づくりに向けた態度，リーダーシップやチームワーク，感性，優しさや思いやりなどの人間性等に関するものも幅広く含まれる。

　先に引用した総則の解説では，情意や態度等，言い換えるならば〈非認知的能力（社会情緒的能力）〉を育んでいくことが重要であり，そのためには，体験活動を含めた学習活動の充実が不可欠であることが示されている。
　ここで，上述した〈非認知的能力（社会情緒的能力）〉について説明しておく。この用語は，国立教育政策研究所の「非認知的（社会情緒的）能力の発達と科学的検討手法についての研究に関する報告書」（2017年3月）で使用されている。本報告書では，IQのような認知能力以外の能力を〈非認知的能力〉とし，「社会情緒的コンピテンス（Social and Emotional Competence）」に焦点化した研究に取り組んでいる。この社会情緒的コンピテンスは，次のように説明されている。「『自分と他者・集団との関係に関する社会的適応』及び『心身の健康・成長』につながる行動や態度，そしてまた，それらを可能ならしめる心理的特質」を指すものとする。
　社会情緒的コンピテンスの詳細については省略するが，本研究では次頁に示す下位領域を3つ設けている。

① 自分に関する領域（自分，自己に関する行動や態度，心理的特質）
② 他者・集団に関する領域（他者や他者集団など，個人が関係を築く相手に対する行動や態度，心理的特質）
③ 自己と他者・集団との関係に関する領域（対人関係，社会や環境と自分の関係に関する行動や態度，心理的特質）

上に示した領域は，特別活動で育む資質・能力との重なりが大きく，先述の「小学校学習指導要領解説総則編」で示された〈情意や態度等〉に示唆を与えるものと考えられる。

（2）特別活動で育つ資質・能力に関する実証的研究からの考察1

本項では，中村（2010）が大学生を対象として実施した質問紙調査の結果から，特別活動で育つ資質・能力について考察していく。

質問紙調査の目的は，大学生を対象とした想起法により特別活動で身に付けた資質・能力の内容ついて，その概要を明らかにすることにある。

調査方法はまず，1998（平成10）年度告示の中学校学習指導要領に示されている内容項目に沿ったアンケート質問項目を作成した（表2-1）。各項目では，個々の学生がどのように諸活動に関わり，その活動を通して具体的にどのよう

表2-1　アンケート質問項目一覧

質問1	あなたが各校種で一番思い出に残っているよかったことをお書きください。
質問2	あなたが各校種で一番思い出に残っているいやだったことをお書きください。
質問3	あなたが各校種で体験した特別活動に関わる活動の有無等をお書きください。[経験した役割分担や具体的内容・身に付けたと思われる能力]
（1）	話合い活動（学級会・ホームルーム）
（2）	儀式的行事（入学式，始業・終業式，卒業式，離任式など）
（3）	文化的行事（文化祭，合唱祭など）
（4）	健康安全・体育的行事（運動会・体育祭，薬物乱用防止教室など）
（5）	旅行（遠足）・集団宿泊的行事（遠足，自然教室・修学旅行など）
（6）	勤労生産・奉仕的行事（職業体験，ボランティア活動など）

注：各校種別に回答を求めている。

な力を身に付けたと感じているかについて自由記述で回答を求めた。アンケート回収後，自由記述内容を分類整理した。その結果について，特別活動で育つ資質・能力および生徒指導のねらいとの関連の視点から考察を行った。

表2-2 調査対象　　　　（人）

	A組	B組	C組	D組	合計
男子	6	9	12	9	36
女子	19	17	16	21	73
合計	25	26	28	30	109

調査対象者は関西地区A大学文系学部1年生を対象として，基礎演習4クラスの109名が参加した。調査対象学生については表2-2に示した。

調査時期はX年6月中旬に実施された。調査の手続きは，筆者と共通のシラバスで授業を担当している教員の協力を得て，4クラス分の学生に対して授業の中でアンケート用紙を配布して教示を行った。その後，2クラスの学生には40分程度でアンケート用紙の記入を求めた。アンケート記入後は，授業者が回収を行った。残りの2クラスは教示後にアンケート用紙を持ち帰らせ，授業担当者が1週間後に回収を行った。無記入のあるデータも調査の対象とした。この調査結果と考察について，以下に述べる。

学校種により異なる傾向もみられるが，おおむね〈特別活動〉における活動は〈良い思い出〉となっていた。特別活動および教育課程外ではあるが中学校と高等学校における〈部活動〉を合わせると，〈良い思い出〉が中学校ではおよそ80％，高校でもおよそ80％の割合を占めていた。小学校では所属学級での思い出をあげる割合が他の校種に比較すると高いことが示された。この調査結果からは，特別活動が児童生徒にとってきわめて重要な学習活動であることを確認することができた。

本調査の回答では「その理由」についても記述されている。そこでは主に，「活動自体の楽しさ」「満足感」「成功体験」「達成感」「人間関係の深まり」「集団の絆の強まり」「所属感」「一体感」「居場所の獲得」等，〈自己有用感〉〈自己効力感〉〈自尊感情〉の向上などが要因として回答されていた。本項では，それらの要因に関する詳細な分析は行わないが，思い出となる体験の多くが特

別活動と部活動に集約されていることは看過できない点である。

質問3では，学校行事における体験と獲得能力について，活動内容それぞれに対しての回答を求めている。そこでは，中学校と高等学校の文化的行事と中学校の勤労生産・奉仕的行事がとくに多様な資質能力を獲得した活動としてあげられていた。具体的には，中学校および高等学校では合唱や文化祭等，学級を単位としてつくり上げる活動，中学校では兵庫県の「トライやる・ウィーク」に代表される職場体験実習が多くみられた。

「話合い活動」では，学級委員長，学級会（HR）係，児童生徒会役員を経験している学生からは，その具体的内容と，資質・能力があげられていた。

ところで，討議する能力は民主主義の基本であり，「話合い活動」はその前段階の練習，必須の活動として位置づけられる。しかしながら，本調査での「話合い活動」における回答は，小学校で約28％，中学・高等学校で約3分の1が無記入であった。このことから〈合意形成〉能力が求められている現在において「話合い活動」を充実させることの必要性が示唆される。

「儀式的行事」では，卒業式が最も多くあげられていた。儀式内で役割がある場合には，その遂行能力が回答されていた。半面，多くの児童生徒は着席していることが多いにもかかわらず，多様な能力をあげていることは，〈式典〉のもつ教育的意義を再認識させられる結果であった。

「文化的行事」では，協力性，リーダーシップ等，集団に関する能力があげられていた。回答率も高いことから〈望ましい集団活動を通して〉社会的資質を育成する特別活動の特質が機能している活動であるといえよう。

「健康安全・体育的行事」では，〈運動会・体育祭〉をあげるものが大多数を占めていた。そこでの記述内容をみると，運動能力による得手不得手が影響しているように思われたが，団体種目や組体操・ダンス等のパフォーマンスには関係していないようである。回答された能力をみると，個人種目以上に集団活動に関するものが多くみられた。

「勤労生産・奉仕的行事」では，小学校は環境美化活動，中学校では職場体験実習，高等学校では，職場体験と奉仕・ボランティア活動が多くあげられて

いた。中学校で回答された能力内容は，対人関係スキルに関する回答が最も多く見られた。このことは「なすことによって学ぶ」特別活動の方法原理をよく表している結果であると思われる。

（3）特別活動で育つ資質・能力に関する実証的研究からの考察2

本項では，日本特別活動学会第24回近畿大会実行委員会（以下，「実行委員会」）が実施した調査研究で得られたデータに基づき行われた中村（2015）の研究に示された特別活動において児童生徒に育成される資質・能力の具体的な項目例について紹介する。

調査研究で得られた特別活動で育まれる資質・能力を想定した項目は45項目である。調査対象校および調査対象学年は，近畿圏内の2府2県の小学校6校（15学級），中学校9校（57学級），高等学校5校（56学級）の合計20校，128学級である（表2-3）。また調査時期は，2015年5月中旬から6月下旬である。

本項における調査結果では，特別活動で育つ資質・能力に関する下位尺度として〈集団活動〉・〈話合い活動〉の2因子と，個々の態度や感情である〈学級共同性〉・〈自尊感情〉・〈共感性〉・〈人柄〉の4因子が抽出された。そして，因子相互間に正の相関があることが確認された。以下に，各因子項目をあげておく。

〈集団活動〉：①きまりや時間を守って活動することができます。②他の人の意見をきちんと聞くことができます。③みんなで決めたルール（きまり）を実行することができます。④自分の役割（当番や係）は最後までやり遂げることができます。⑤他の人の意見を大切にすることができます。⑥後片付けをすることができます。⑦集団の一員として行動することができます。⑧みんなと同じ目標に向けて努力することができます。⑨工夫して活動に取り組むことができます。⑩うまくいかず失敗したことも受け入れることができます。⑪考え方のちがう人とも力を合わせて活動することができます。⑫工夫して役割（当番や係）に取り組むことができます。⑬自分

表2-3 調査対象者一覧　(人)

校種と学年		男子	女子	合計
小学校	小学5年生	116	109	225
	小学6年生	125	117	242
	合計	241	226	467
中学校	中学1年生	512	484	996
	中学2年生	202	189	391
	中学3年生	171	174	345
	合計	885	847	1,732
高校	高校1年生	237	300	537
	高校2年生	215	280	495
	高校3年生	219	278	497
	高校4年生	42	24	66
	合計	713	882	1,595
	総合計	1,839	1,955	3,794

とはちがう考えや意見などを大切にしています。⑭活動を振り返って次の活動に生かすことができます。

〈話合い活動〉：⑮話合いで司会をすることができます。⑯学級会（ホームルーム）の話合いで意見を出すことができます。⑰みんなの前で発表や発言をすることができます。⑱話合いで出されたいくつかの意見をまとめることができます。⑲活動のときにみんなをまとめて活動することができます。⑳みんなのために発言することができます。㉑話合いの大切なことや発言を適切に板書することができます。㉒あとで他の人が読んでわかるように記録することができます。㉓他の人の意見に自分の意見をつないだり深めたりすることができます。㉔リーダーの人を助けて活動することができます。㉕学年が違う人と活動をすることができます。

〈学級共同性〉：㉖来年（いつまでも）もこの学級が続けばいいなと思います。㉗学級へ行くことが楽しみです。㉘今の学級の一員であると感じています。㉙困っているとき学級の人に助けてもらえます。㉚共同作業の苦労や喜びをみんなと分かち合うことができます。㉛みんなでやらなければならないことに協力することができます。㉜学級でいやなことがあると心配になります。㉝行事などで達成感や充実感を感じることがあります。㉞学級の困っている人を助けてあげることができます。

〈自尊感情〉：㉟自分にはよいところがあります。㊱自分のことを大切だと思っています。㊲人の役に立っていると思います。㊳自信をもってやれることがあります。㊴やる気になれば、だいたいのことはできると思います。

㊵学級の役に立っていると思います。
〈共感性〉：㊶困っている人を見ると助けたくなります。㊷悲しんでいる人を見ると悲しい気持ちになります。㊸自信のなさそうな人を見るとはげまそうという気持ちになります。
〈人間性〉：㊹優しい人だと言われることがあります。㊺思いやりがある人だと言われることがあります。

　以上，紹介してきた項目は，特別活動だけで育成される資質・能力とまではいえないが，特別活動を通して育まれるであろうと想定して作成されたものである。本書第3章の特別活動における評価と合わせて観察の視点としておきたい。

3　人間形成と特別活動ならびに積極的な生徒指導

　現代の学校教育は，個性重視の教育を推進してきた。しかしながら個性は集団の中でこそ促され，発揮されるものである。この意味において，集団活動を通して人間形成を目指す特別活動は，今後の学校教育においても重要な役割を担っている。また，児童生徒にとっての学校は家庭と社会を橋わたしする意味をもつ場となっているが，学級（HR）を中心とした集団活動で育つものは多岐にわたっている。
　特別活動は戦後教育において誕生し，その後，現在の内容と方法が形成されてきた。その過程において大切にされてきた原理を踏まえながら，特別活動は社会の変化に応答する積極的な生徒指導の場として機能している。それゆえ，特別活動だからこそ育むことができる資質・能力を，児童生徒，地域，学校の実態に応じ，小学校から高等学校までの12年間にわたり体系的に取り組まれていくことが肝要であり，その具現化を図っていくことが今後の課題である。
　また，中学校以降では，生徒の特徴と思春期理解を基本とし，〈個の育成〉と〈集団の育成〉を同時に図っていくことが求められる。その基盤として，教

職員の共通理解，一貫性のある指導，生徒が規則を守ることの必要性を考える機会をつくることも大切である。さらに，〈望ましい集団活動〉や〈自治的な活動〉を活性化させることは有効な方策である。このことにより，一人ひとりの自尊心および自己有用感とともに，人と関わる力が養成されると考えられる。

最後に，特別活動は集団活動を通して行われる。そのためにコミュニケーション能力の育成は必須であり，国語科をはじめとした言語能力に加え，非言語的（non-verbal）コミュニケーション能力の向上も不可欠である。これらの能力は，実際の活動における人と人との関わりの中で使われることで高められていくと考えられる。この意味において特別活動の果たしている役割は大きく，今後も教科外の重要な学習活動として教育課程に位置づけられていくと思われる。

引用文献

経済産業省 社会人基礎力に関する研究会（2006）「中間取りまとめ」（www.meti.go.jp/policy/kisoryoku/chukanhon.pdf 2018年3月3日アクセス）。

文部科学省国立教育政策研究所（2015）「資質・能力を育成する教育課程の在り方に関する研究報告書1——使って育てて 21世紀を生き抜くための資質・能力」。

文部科学省国立教育政策研究所（2017）「非認知的（社会情緒的）能力の発達と科学的検討手法についての研究に関する報告書」。

中村豊（2010）「特別活動と生徒指導」関西学院大学教育学部『教育学論究』第2号，115〜126頁。

中村豊（2015）「児童生徒の社会的能力の育成に関する調査研究——特別活動の機能に着目した分析」関西学院大学教育学部『教育学論究』第7号，131〜143頁。

文部科学省（1999）「小学校学習指導要領解説特別活動編」。

文部科学省（2008）『生徒指導提要』教育図書。

文部科学省（2017）「小学校学習指導要領解説特別活動編」。

文部科学省（2017）「小学校学習指導要領解説総則編」。

第 2 章 特別活動が育む資質・能力

> **学習の課題**
> (1) 学校はどのような法的な根拠に基づいて教育課程を編成するのかについて整理してみよう。
> (2) 特別活動を構成する内容について学校種別ごとにまとめてみよう。
> (3) 特別活動と生徒指導のねらいには重なる点が多いことを論じてみよう。

【さらに学びたい人のための図書】
ボルノウ,O. F./森昭・岡田渥美訳(2006)『教育を支えるもの』黎明書房。
　⇨教育人間学の視点で日常の学校生活における教育的営みの意義を論考している教育哲学のロングセラー。
デューイ,J./宮原誠一訳(2005)『学校と社会［改版］』岩波文庫。
　⇨新教育といわれた児童中心主義の学校教育を実験学校で実践した成果についての講演録であり,体験の大切さが語られている。

(中村　豊)

第3章 特別活動の評価と方法

この章で学ぶこと

　教育評価については様々な誤解があるようである。この章ではそれらの誤解を一つひとつ解いていき，特別活動における教育実践に役立つ教育評価について学ぶことを目的としている。特別活動における評価を中心に，発達段階にも配慮した評価について考えるとともに，その他の教科，領域にも役立つ評価に関する知識を習得し，実践に役立てる力を身に付けよう。この章では，以上の目的のため，以下，①学校における評価とは，②評価のための規準づくり，③多様な評価方法，④発達の段階とそれぞれの課題について学んでいく。

1　学校における評価とは

（1）評価と評定

　学校の「評価」という言葉を聞くと，多くの人は学期末にわたされる通知表（通信票）などを思い浮かべるかもしれない。教師によって下された「もうすこし」や「2」といった「評価」に苦い思い出をもつ人も多いことだろう。

　しかし，ここで連想されている「評価」は，実は「評定」のことである。後述するように，評価は第一に教育活動（学習活動）のあらゆるとき，場面において教師だけでなく児童生徒自身によっても行われるものである。そして第二に，その評価によって，その時点での教育活動（学習活動）が，その活動の目標をどの程度実現しているのかを確認しながら，その後の教育活動（学習活動）を改善することを目指すために行われるものが評価なのである。

（2）誰のための評価か

「評価は誰のためにあるか」という質問には，教職を目指す学生であっても正確に答えられる者は少ない。筆者が担当する教職の授業を受講する学生の多くは，「評価は児童生徒だけのためにある」と信じて疑わない。

もちろん，評価は第一に児童生徒のためのものである。しかし，評価によって，その後の指導を改善していくのは他でもない教師であるということを考えるならば，「評価は教師のためのものでもある」ということができる。

上述のように児童生徒に評定を下すということではなく，教師が子どもたちの良いところを積極的に認めたり，児童生徒の現状を見ながら，教育活動を軌道修正していくために用いられたりするのが，教育評価なのである。

（3）新学習指導要領における評価

さて，2017（平成29）年3月に公示された新学習指導要領と，それまでの学習指導要領を見比べてみることによって，現在，学校現場ではどのような評価が求められているのかを確認してみたい。

まず，2008（平成20）年に告示された小学校学習指導要領をみてみよう。総則第4「指導計画の作成等に当たって配慮すべき事項」の2の(11)には以下の記述がある。

> (11) 児童のよい点や進歩の状況などを積極的に評価するとともに，指導の過程や成果を評価し，指導の改善を行い学習意欲の向上に生かすようにすること。

次に，新小学校学習指導要領の総則第3「教育課程の実施と学習評価」の2の(1)および(2)には以下の記述がある。

> (1) 児童のよい点や進歩の状況などを積極的に評価し，学習したことの意義や価値を実感できるようにすること。また，各教科等の目標の実現に向けた学習状況を把握する観点から，単元や題材など内容や時間のまとまりを見通しながら評価の場面や方法を工夫して，学習の過程や成果を評価し，指導の改善や学習意欲の向上を図り，資質・能力の育成に生かすようにすること。

> (2) 創意工夫の中で学習評価の妥当性や信頼性が高められるよう，組織的かつ計画的な取組を推進するとともに，学年や学校段階を越えて児童の学習の成果が円滑に接続されるように工夫すること。

　この2つの記述を見比べて，どのような違いを見出すことができるだろうか。まず，具体的な記述の前に，新学習指導要領では総則第3のタイトルに「学習評価」という言葉が新たに明記されていることを指摘できる。さらに，記述量が増えていることも一目瞭然である。具体的には，学習評価は第一に，教師の指導の改善および児童の意欲の向上のためになされるということに加えて，児童が，学習したことの意義や価値を実感できるためになされること，第二に，評価の場面や方法を工夫すべきであることが加えられている。さらに，第三に新設項目（総則第3の2の(2)）として，評価の妥当性や信頼性を高めるために工夫すべきであることが指摘されている。もちろん，これらのことはこれまでも重要であるとされてきたことではある。しかしながら，学習指導要領に新たに明記されることによって，学校教育においては，これまで以上に学習評価の重要性が高まっており，工夫が必要とされているということがわかる。

（4）「特別活動」における評価

　上で確認した学習評価に関する記述は，特別活動だけでなく，学校教育で行われるすべての教育活動について述べられたものである。教科の評価については，ある程度想像しやすい一方で，特別活動の評価については，どのようなものか，わかりにくいと思う人も多いだろう。そもそも，特別活動に評価は必要ないのではないか，と感じている人もいるかもしれない。しかし，特別活動こそ，より慎重に評価が実施されなければならない。なぜならば，特別活動は，教科と同様に目標をもって行われる教育活動であるが，その内容については，教科のように学習指導要領に詳しく定められているわけではなく，目の前の児童生徒の実態に即して，教師たちの創意工夫のもと実施されるものだからである。教育目標を達成するには，児童生徒をより正確に「みとる」ことが必要と

されるのが特別活動である。児童生徒を日々いかによく観察できているのか，という教師の力量が試されるのも，特別活動の評価の特徴であるといえる。

「小学校学習指導要領解説特別活動編」の評価についての記述を要約すると以下のようになる。すなわち，第一に特別活動の評価において大切なことは「児童一人一人のよさや可能性を積極的に認めるようにすること」「生きる力を育成するという視点から評価を進めていくということ」である。そのためには，「活動の結果だけでなく活動の過程における児童の努力や意欲などを積極的に認めたり，児童のよさを多面的・総合的に評価したりすることが大切」であり，その際，「学習評価の参考」として「児童自身の自己評価や相互評価」を活用することは児童の「活動意欲の向上」につながることになる。第二に，評価を「指導の改善に生かす」ことが重要である。第三に「具体的な評価の観点を設定」し，その際，「活動過程についての評価を大切にする」とともに，「学級担任以外の教員とも共通理解を図って適切に評価できるようにすることが大切」である。

以上の指摘は，特別活動以外の教育活動にも重なるところは多い。しかし，日頃の教科学習ではみえづらい児童生徒一人ひとりの良さや可能性を多面的・総合的に評価し，同時に，児童生徒の良さや可能性を伸ばしていくことができるのは特別活動の醍醐味といえるだろう。適切な評価を実施することによって初めて特別活動は生きてくるのである。

2　評価のための規準づくり

（1）相対評価と絶対評価

評価の客観性を確保することは，とくに特別活動の評価において多くの教師が頭を悩ますところかもしれない。これは評価の信頼性や妥当性をいかに保つかという問題と言い換えることもできる。近年，教師には評価の根拠を説明する説明責任が求められているのである。

2001（平成13）年改訂の学習指導要領により，それまでの相対評価が「目標

に準拠した評価（いわゆる絶対評価）」に改められた。相対評価とは，集団内の子どもたちを正規分布曲線に基づき配分し，評価するというものである。たとえば，5段階評価の場合，あらかじめ，「1」は7%，「2」は24%というように，それぞれの評価の人数が決められていることがこの評価の特徴である。いくらよくできていても，所属集団内での順位が最下位であれば「1」という評価がつくわけである。この相対評価は，戦前に行われていた絶対評価の反省を反映したものとして導入されている。戦前の絶対評価では，教師の感覚によって恣意的に評価がなされていたという問題があった。そのような問題を克服するものとして導入された相対評価ではあったのだが，できない子どもが必ずいることを前提とするなどの問題点があったため，2001年改訂の学習指導要領により採用しないこととされたのである。

　一方，「目標に準拠した評価」はいわゆる絶対評価であるが，戦前の教師の恣意的な評価による「絶対評価」とは性質が異なるものである。戦前の絶対評価，戦後の相対評価，新しい絶対評価は，それぞれの評価が準拠するものが異なっている。戦前の絶対評価は教師の判断に準拠した評価であり，その教師の判断が恣意的になったり，教師によって判断の根拠が異なったりするなど，評価の客観性が担保されていないという点で問題があった。

　これらの問題を克服するために，客観性を求めて導入された戦後の相対評価は，集団に準拠した評価である。この方法には，上述のように集団にはできない子どもが必ずいることを前提としていたり，子ども集団の中での競争を煽ったり，何を身に付けているのかが不明瞭であったりするなどの問題があった。

　そしてこれらの問題を克服するものとして登場したのが「目標に準拠した評価」である。この評価は，その名のとおり，準拠する目標が存在することが前提となっている。その目標に対して，一人ひとりの児童生徒の達成具合を診断することが必要とされるわけである。それまでの相対評価と違い，「目標に準拠した評価」のもとでは，集団内の他の子どもは競争相手ではなく，同じ目標に向かって学び合う仲間として，互いに高め合い，助け合う対象となったのである。また，評価の結果をみる際にも，相対的な順位を気にするよりも，目標

をどれだけ達成できたか，どのようなことができるようになり，逆にどのようなところを改善すべきか，というように，個人内の学習内容に目を向かせるような評価となったのである。その結果，評価を次の学習に活かすことが可能となり，またそれは，子ども自身の振り返りを促すとともに，教師自身の省察やそれを基にした教育活動の改善を促すものにもなったのである。

以上のように「目標に準拠した評価」は，戦前戦後の評価にまつわる様々な問題点を克服してきた評価であるといえる。ただし，この方法を運用する際には，準拠する目標を明確にすること，評価の観点を工夫することが必要である。この点に関して，次に特別活動における規準についてみていきたい。

（2）規準と基準

「目標に準拠した評価」を実施する際，「規準」と「基準」はそれぞれ重要であり，それらを明確にしておく必要がある。端的に言い換えるならば，前者は準拠すべき「目標」のことであり，後者はどの程度目標を達成できたかを判断するための「水準」のことである。評価の客観性を保つために，これらの「規準」と「基準」を明確にすることは最も重要であるといっても過言ではないだろう。

① 規準について

まず，特別活動における規準について考えてみよう。目標を明確にしやすい教科とは異なり，特別活動の目標はともすれば曖昧なものにされやすい。目標が明確でなければ，活動自体が糸の切れた凧のようにふらふらと宙に浮いてしまい，何のための活動かわからなくなりかねない。そのようになってしまえば，活動から子どもたちが学び，身に付けることも少なくなり，そして評価をすることも難しくなるだろう。一方，目標が明確にされた活動は教師，児童生徒の両者にとって，その時間を有意義なものとすることができる。教師にとっては，たとえば，授業が計画したものとは違う方向に進んでいった際に，授業の目標をしっかり意識さえしていれば，授業の質は保たれるものである。

このことに関して，教育実習生の授業でよくある失敗を2つあげることがで

きる。1つは目標を見失ってしまう失敗である。授業が思わぬ方向に進んでしまったときに，目標をしっかり見据えていない場合は，それを見失い，授業で子どもたちに何を学ばせようとしたのかわからない状態で終了のチャイムが鳴ってしまうのである。そうなると，子どもの活動を評価することはもちろん難しくなる。同時に，子どもたち自身が，その授業で何を学んだのかを振り返ることはほぼ不可能であろう。熟練教師であれば，新たな学びをすぐに組織できるかもしれないが，多くの教師にはそれは難しい。いわんや教育実習生にはなおさらのことである。

失敗の2つ目は，目標をしっかり見据えているのだけれども，頑なに計画通りに授業を推し進めようとすることによって発生する失敗である。子どもの状況に合わせて，柔軟に計画を変更することは，目標を達成するために時に有効である。逆に，状況に合わせられずに，計画通りに授業を推し進めることによって，子どもたちの学びは目標からだんだんと遠のいていくことになる。

以上のことからもわかるように，「目標に準拠した評価」を実施する際は，学習指導要領を基に，各学校において規準となる目標を明確にするとともに，その目標を見据えた指導計画を作成し，柔軟に授業活動を展開していくことが教員に求められている。特別活動の目標について，新小学校・中学校学習指導要領を見てみよう（本書執筆時に高等学校の学習指導要領が告示されていなかったため，ここでは小学校，中学校の学習指導要領のみを記している）。

第1　目標
　集団や社会の形成者としての見方・考え方を働かせ，様々な集団活動に自主的，実践的に取り組み，互いのよさや可能性を発揮しながら集団や自己の生活上の課題を解決することを通して，次のとおり資質・能力を育成することを目指す。
(1)　多様な他者と協働する様々な集団活動の意義や活動を行う上で必要となることについて理解し，行動の仕方を身に付けるようにする。
(2)　集団や自己の生活，人間関係の課題を見いだし，解決するために話し合い，合意形成を図ったり，意思決定したりすることができるようにする。
(3)　自主的，実践的な集団活動を通して身に付けたことを生かして，集団や社会における生活及び人間関係をよりよく形成するとともに，自己の生き方に

> についての考えを深め，自己実現を図ろうとする態度を養う。

　以上の目標は「小学校学習指導要領解説特別活動編」によると３つの視点，すなわち①「人間関係形成」，②「社会参画」，③「自己実現」という視点から描かれている。この目標に基づいて新小学校（新中学校）学習指導要領に設定される各活動・学校行事の目標は以下のとおりである（括弧内は中学校表記）。

> 〔学級活動〕
> 　学級や学校での生活をよりよくするための課題を見いだし，解決するために話し合い，合意形成し，役割を分担して協力して実践したり，学級での話合いを生かして自己の課題の解決及び将来の生き方を描くために意思決定して実践したりすることに，自主的，実践的に取り組むことを通して，第１の目標に掲げる資質・能力を育成することを目指す。
> 〔児童会（生徒会）活動〕
> 　異年齢の児童（生徒）同士で協力し，学校生活の充実と向上を図るための諸問題の解決に向けて，計画を立て役割を分担し，協力して運営することに自主的，実践的に取り組むことを通して，第１の目標に掲げる資質・能力を育成することを目指す。
> 〔クラブ活動〕※小学校のみ
> 　異年齢の児童同士で協力し，共通の興味・関心を追求する集団活動の計画を立てて運営することに自主的，実践的に取り組むことを通して，個性の伸長を図りながら，第１の目標に掲げる資質・能力を育成することを目指す。
> 〔学校行事〕
> 　全校又は学年の児童（生徒）で協力し，よりよい学校生活を築くための体験的な活動を通して，集団への所属感や連帯感を深め，公共の精神を養いながら，第１の目標に掲げる資質・能力を育成することを目指す。

　各学校，教員は学習指導要領に示された，特別活動の各活動・学校行事の目標および内容をもとに，評価規準を明確にした上で指導計画を作成し，目の前の子どもたちの実態を踏まえて，評価の観点を作成し，評価を行わなければならない。以下，その際の評価の観点および評価の基準について考えてみよう。

② 評価の観点および基準について

　目標に準拠した評価を実施する際，評価の基準（どの程度目標を達成できたかを判断するための水準）が曖昧になっては評価の客観性を保つことができない。しかしながら，評価基準を定めるにしても，基準を測るのがたった一つの「物差し」（学力観）では子どもたちの学びや成長を正確に評価することは困難である。多面的に評価することが必要なのである。そこで，目標に準拠した評価を意味あるものにするために，「観点別評価」を実施することが求められている。ここでいう観点とは，「関心・意欲・態度」「思考・判断・表現」「技能」および「知識・理解」である。なお，学校教育法第30条２項をもとに，今後はこれらの観点を「知識及び技能」「思考力，判断力，表現力その他」および「主体的に学習に取り組む態度」という３つの観点をもとに整理することが検討されている。

　ところで，学校教育法施行規則によって作成が義務づけられている「指導要録」（文部科学省，2010を参考）は，「学籍に関する項目」と「指導に関する項目」からなるものである。この指導要録に記載する特別活動の評価においては，上に示した観点とは別に，各学校，教員が学習指導要領に示された各活動および学校行事の目標や内容をもとに，適切な観点を作成し，評価することが求められている。そして指導要録の特別活動の欄には，趣旨に照らして十分に満足できる場合は〇（丸）印をつけることになっている（他方，各教科は３段階で評価することになっている）。〇（丸）印をつけるかつけないかの判断基準については，評価者個人の感覚や印象によるものとなりがちである。しかしそれでは，戦前の絶対評価と同じ問題を含むことになってしまう。評価の客観性を保つためには，学校全体で基準を共有することが必要であろう。そして，その基準に従って，日々の活動や学校行事の中で，教師が子どもたちをよく観察し，評価を記録すること，それに加えて，学校内において教員間で評価についての共通認識をもち，とくに学級を越えた各活動や学校行事においては，子どもの評価についての日常的な情報共有をすることが必要とされるのである。

　だが，この指導要録はきわめて簡略化されたものである。実際には，評価の

第3章 特別活動の評価と方法

表3-1 「評価の観点及びその趣旨」〈小学校 特別活動の記録〉

観点	集団活動や生活への関心・意欲・態度	集団の一員としての思考・判断・実践	集団活動や生活についての知識・理解
趣旨	学級や学校の集団や自己の生活に関心をもち，望ましい人間関係を築きながら，積極的に集団活動や自己の生活の充実と向上に取り組もうとする。	集団の一員としての役割を自覚し，望ましい人間関係を築きながら，集団活動や自己の生活の充実と向上について考え，判断し，自己を生かして実践している。	集団活動の意義，よりよい生活を築くために集団として意見をまとめる話し合い活動の仕方，自己の健全な生活の在り方などについて理解している。

出典：初等中等教育局長通知（2010（平成22）年5月11日）。

各観点において，いくつもの評価項目を作成し，評価をすることが望ましい。その際，学習指導要領のほか，文部科学省や国立教育研究所が作成する例示等を参考にするとよい。たとえば，2010（平成22）年5月の文部科学省初等中等教育局長通知「小学校，中学校，高等学校及び特別支援学校等における児童生徒の学習評価及び指導要録の改善等について」では，観点別学習状況の評価の観点とその趣旨が表3-1のように示されている。これらの資料を適宜参考にしながら，各学校の状況に合わせて，評価の観点およびその趣旨，評価項目を各活動，学校行事ごとに，また，発達の段階に合わせて作成することが必要である。

ただし，観点別に評価される際の評価基準は子どもの外部に存在しているということに注意しなければならない。たとえば，子ども個人の成長など，評価基準が子どもの内側にあるものについては，この評価方法では評価することができないのである。この課題は「個人内評価」を実施することにより補うことが可能である。観点別評価では評価できない子どもの良さや成長を積極的に評価していくためである。そのような評価は，日頃から子どもに声かけをするなどしてフィードバックするほか，指導要録では「総合所見及指導上参考となる諸事項」欄に記述し，記録に残すことができる。このように，それぞれの評価方法には長所と短所があり，次節に示す様々な評価方法を時と場合に応じてうまく使っていくことによって，評価の客観性を高めることが可能である。

なお，「通知表（通信票）」等の作成は各学校に委ねられており，これを作成

する法的な義務はない。とはいえ，保護者に学校での児童生徒の様子を伝え，また，児童生徒が学期を振り返る材料として活用し，特別活動についても工夫をして記載をすることが望ましい。

3 多様な評価方法

本章ではすでにいくつかの評価方法について触れてきたが，その他にもいろいろな評価方法が存在する。本節ではそのうちのいくつかを「いつ」「誰が」「何を」「どのように」評価するのか，という視点で分類する。1つの評価方法で完璧に評価できるということはない。これらの評価方法のいくつかを適切に選択し，評価の際に使用することが必要である。その際，選択した評価方法を教員間，さらには学校間で共有することが大切である。なお，評価方法によってはいくつかの分類に重複して入れるべきものもあるが，ここでは便宜的に分類していることを断っておきたい。

(1)「いつ」評価するのか

評価をするというと，各活動や学校行事の「後」に評価をすると考えがちではないだろうか。言及されることの多い「PDCAサイクル」でも，評価（Check）は実践（Do）の後に位置している。しかし実際には，計画（Plan）をするにも，児童生徒の実態を事前に評価しなければ適切な計画はできない。跳び箱を跳んだ経験のない児童生徒に，いきなり10段の跳び箱を跳ばせることは無理である。このように，教育実践の前に，児童生徒の状況を把握するために実施する評価を「診断的評価」という。

また，教育実践はたいてい計画通りに進まないものである。途中，評価をもとにした改善をしながら行われることが望ましい。このような軌道修正をできるかどうかというのは，教員の経験や力量によるところが大きい。教育実践の中で実施する，このような評価を「形成的評価」という。活動中に子どもをよく観察し，その声に耳を傾け，実践を改善していくのである。

そして最後に、教育実践後に実施する評価が「総括的評価」である。このように、評価は必ずしも実践後に実施するのではなく、教育実践を行う前や途中でも適切な評価を行うことが、より質の高い教育実践には不可欠である。

(2)「誰が」評価するのか

評価をするのは誰かと問われれば、多くの人が「それは教師だ」と答えるだろう。しかし、評価主体は教師とは限らない。児童生徒自身が評価者となることは、児童生徒の学びにとってきわめて効果的だと考えられる。児童生徒自身が活動の評価をするならば、それは「自己評価」と呼ばれる評価である。第1節で「評価は教師のためのものでもある」と述べた。教師は評価をすることによって、自身の教育実践の改善を行うことができる。これと同様に、児童生徒もまた、自己評価を実施することによって、自身の学びを改善し、より深い学びを得ることになるのである。

また、児童生徒同士で評価し合うことを「相互評価」という。この評価では、自身の学習活動を同じ児童生徒の視点から客観的に見られることによって、評価を受ける児童生徒の新たな気づきにつながることが期待できる。同時に、評価をする児童生徒は、他者を評価することによって、自身の学びを客体化し、改善をすることも期待できるのである。

ただし、これらの評価はあくまで児童生徒によるものであるので、教師は参考程度にこれらの評価を受け止めることが必要であり、児童生徒の評価をそのまま教師の評価に当てはめるようなことは適切ではない。

(3)「何を」評価するのか

評価を受けるのは誰（何）かと考えると、大きく分けて2つの答えが想定できるだろう。1つは、教師自身の教育計画や実践であり、もう1つは、児童生徒の活動である。

前者に関しては、児童生徒の活動への評価を通して、教師は自らの教育実践や、計画、行事の内容を評価し、改善することができる。一方、後者について

は,「観点別評価」か「個人内評価」かによって，具体的に何を評価するかは変わるだろう。このことについてはすでに第2節で説明をしているので，それぞれの説明については省略する。

　また，最近用いられるようになった評価方法に「パフォーマンス評価」がある。米国では1970年代以降，学校に対する説明責任を求める動きが強まった。それに対し，標準化されたテストの結果によって，学校は子どもを評価し，説明責任を果たそうとした。しかし，これらの評価が本当に児童生徒の学力を正しく評価しているのかという批判が強まり，そこで求められるようになったのが,「真正の（authentic）」評価である。ここで批判された「真正」ではない評価とはどのようなものであろうか。たとえば，テストのためだけの知識の量を評価するならば，それは「真正」ではないといえるだろう。テストが終われば忘れてしまうような知識の量を評価しても，意味がないからである。

　以上のような問題が生じる根源には，学力観の乏しさがある。新学習指導要領では,「何ができるようになるか」を明確化し,「①知識及び技能，②思考力，判断力，表現力等，③学びに向かう力，人間性等」という3つの資質・能力の柱を打ち立てている。①だけでなく②や③についても評価することが求められている。「パフォーマンス評価」で評価するのは，これらの資質・能力のうち，②にある表現，まさにパフォーマンスについてである。たとえば，話合い活動では，話合いの過程において，意見が異なる者の考えを受け入れながらも，自分の主張ができたかなどを評価することができるだろう。

（4）「どのように」評価するのか

　最後に，どのように評価するのかについてである。様々な評価方法が存在するが，ここでは，先述の「パフォーマンス評価」をする方法として「ポートフォリオ評価」「ルーブリック評価」について，その概要を紹介する。

　まず，「ポートフォリオ評価」についてである。「パフォーマンス評価」のように，活動の結果を評価するのではなく，活動の過程を評価することを特徴にもつのが「ポートフォリオ評価」である。ポートフォリオとは,「入れ物の中

に一人ひとりの児童生徒の学習到達の成果及びそこに到達するまでの過程が分かるような資料・情報を目的的・計画的に集積したもの」(高浦，2004) のことである。たとえば，学校や学級をより良いものにするために，いまある問題を明らかにすることから始め，その問題の解決方法を話し合い，実際に解決するために取組みをする，という一連のプロセスを記録として集積し，次の問題を解決するときには，前回の解決へのアプローチや協力体制のあり方を振り返る際に，適宜，ポートフォリオの記録を参照しながら，活動を改善していくことが可能となる。

　ここまでみてきた「パフォーマンス評価」や「ポートフォリオ評価」をする際には，評価の基準が必要となってくる。この基準は数値で示されるものではなく，記述で示されるものである。たとえば，係り活動を評価する場合，「他者と協力しながら主体的に取り組み，分担された役割を果たした：3」「協力や主体性には課題が残るが，分担された役割を果たした：2」「分担された役割を果たさなかった：1」といった具合である。ルーブリック評価とは，このような評価基準を達成段階ごとに記述した表を用いた評価の方法である。特別活動におけるルーブリックの開発はまだほとんど行われていないが，たとえば，上森 (2015) が小学校で実施したルーブリック評価表の開発は参考になる（表3-2）。

　以上，様々な評価の方法についてみてきたが，これらの評価を目的や活動内容に合わせて，適宜取捨選択し，教員間，学校間で共有しながら評価を行うようにすることが大切である。

表3-2　ルーブリックの例

		十分満足できる			おおむね満足できる	支援を要する	低学年
		十分満足できる		おおむね満足できる		支援を要する	中学年
		十分満足できる	おおむね満足できる			支援を要する	高学年
グループ活動				○グループ内で話し合いができる	○グループ内では自分の意見が言えない		
クラスでの発表	出し合う	○学級の実態に照らし合わせて意見が言える。	○提案理由を振り返りながら発言する。○以前の総括を踏まえて考えられる	○クラスに対して積極的にノートに書かれた自分の思いを述べることができる ○自分の意見を理由と共にきちんと発表できる。	○ノートに書いてはいるが、発言しない。指名されて言う。	○話し合い活動に意義を見出さない	
	くらべる	○友達の意見を聞きながら，自分の考えを再検討することができる。・「さっきは〜〜と言ったけど、○○さんの意見を聞いて、もう少し考え直したいと思います」・「苦手な人も〜したらできると思います。」	○友達の考えと自分の考えを比べながら理由を明確にして賛成意見や反対意見を言える。・「みんなに喜んでもらえるから〜がいいです。」	○友達の考えと自分の考えを比べながら賛成意見や反対意見を言える。・「○○さんのお菓子作りは楽しそうだなと思います。でも、できるかどうか心配です。」・「○○さんのクイズと△△さんのなぞなぞは似ていると思うけど、違うのかな。」	○友達の意見に反応する。・同じ考えの人の発言を聞いて笑顔になる。うなずく。○理由を述べることは難しいけれども賛成や反対の意思表示できる。・「なんとなく、○○の方がよいと思います」	○友達の意見に反応しない。・自分の意見を述べる他はノートや文房具をかまっている。○賛成や反対の意思を表示できない。・話をしている人を見ない。	
		○少数意見や弱者の意見に	○まとめる条件を考慮した	○まとめるための条件を自	○教師の示す解決策の妥	○自分の意見を曲げない。	

まとめる	配慮しながら合意形成を試みる ・「転校生の○○さんが，〜をやったことがないと言ったから，今回はそれがよいと思います」	上で，自分たちで合意形成を試みる。 ・「〜と〜を合わせるといいと思います。みんなが楽しめるようなルールになるからです」	分たちで考えられる。 ・「クッキー作りはとても時間がかかるので難しいと思います。」	性をおおむね理解できる。 ・決まったことに従う。 ○まとめる条件を考慮した上で，教師の示す解決策の妥当性を理解できる。 ・教室でゲームをするという意見を書いたり発表したりする。	（誰の意見も聞き入れない） ・「絶対嫌だ。」と言って自分の意見以外聞こうとしない。
話し合い活動での友達との関わり方	○友達の意見の文脈を考えることができる ○周りの人へ思いを寄せた発言ができる	○友達の発言につなげて，自分の考えを述べる。	○友達の話の良いところを見つけられる	○友達の意見を聞いて反応を返す。	○友達の話をさえぎる

出典：上森, 2015, 94頁。

引用文献

上森さくら（2015）「小学校特別活動におけるルーブリック開発——その導入効果の一考察」島根大学教育学部附属教育臨床総合研究センター『島根大学教育臨床総合研究』第14巻，89〜97頁。

高浦勝義（2004）『絶対評価とルーブリックの理論と実際』黎明書房。

文部科学省（2008）「小学校学習指導要領」。

文部科学省（2010）「指導要録（参考様式）」（http://www.mext.go.jp/b_menu/hakusho/nc/attach/1293813.htm 2018年2月26日アクセス）。

文部科学省（2017）「小学校学習指導要領」。

文部科学省（2017）「小学校学習指導要領解説特別活動編」。

文部科学省（2017）「中学校学習指導要領」。

文部科学省（2017）「中学校学習指導要領解説特別活動編」。

文部科学省初等中等教育局長通知（2010）「小学校，中学校，高等学校及び特別支援学校等における児童生徒の学習評価及び指導要録の改善等について」「（別紙5）各教科等・各学年等の評価の観点等及びその趣旨（小学校及び特別支援学校小学部並

びに中学校及び特別支援学校中学部)」(http://www.mext.go.jp/component/b_menu/nc/__icsFiles/afieldfile/2012/08/07/1292899_01_1.pdf 2018年2月26日アクセス)。

> **学習の課題**
>
> (1) 学級活動を「知識及び技能」「思考力・判断力・表現力等」および「主体的に学習に取り組む態度」という3つの観点で評価する場合,どのように評価できるだろうか。様々な条件を想定し,評価表をつくってみよう。
> (2) 様々な評価方法について,その長所と短所を書き出してみよう。
> (3) 学校行事を発達の段階に応じて評価する場合,どのような評価のポイントを考えることができるか。具体的な学校行事を想定し,低学年,中学年,高学年別に書き出してみよう。

【さらに学びたい人のための図書】

高浦勝義(2004)『絶対評価とルーブリックの理論と実際』黎明書房。
　⇨とくに米国の理論実践を参照しながら,絶対評価とルーブリック評価について,多くの実践的な事例をもとに解説している。

田中耕治(2004)『学力と評価の"今"を読みとく』日本標準。
　⇨評価に関する研究の第一人者である著者が,学力と評価の関係について,歴史的な流れを踏まえてわかりやすく解説している。

西岡加名恵(2003)『教科と総合に活かすポートフォリオ評価法——新たな評価基準の創出に向けて』図書文化。
　⇨新しい評価方法の中でもとくにポートフォリオ評価法に着目し,読者(教員)が抱くであろう疑問を想定した数多くの「Q&A」が参考になる。

（岡邑　衛）

第4章 児童生徒による自主的, 実践的な活動

この章で学ぶこと

　この章では，小学校では児童会活動，中学校，高等学校では生徒会活動として位置づけられている活動について述べていく。児童会，生徒会は，ともに全校の児童生徒をもって組織する集団である。活動の目標は，よりよい学校生活のために，問題の解決に向けて取り組むことである。内容については，児童生徒の発達段階に応じて段階的に差がつけられている。小学校における児童会活動は，学校生活をよりよくするための活動である。一方，中学校における生徒会活動は，学校生活の充実・発展や，改善・向上を目指す活動である。目標や内容について，実践例を交えながら，校種別に述べていく。また，高等学校における生徒会活動の実践例についても紹介する。

1　小学校における児童会活動

　小学校における児童会活動の目標は，「異年齢の児童同士で協力し，学校生活の充実と向上を図るための諸問題の解決に向けて，計画を立て役割を分担し，協力して運営することに自主的，実践的に取り組むことを通して，第1の目標に掲げる資質・能力を育成することを目指す」（文部科学省, 2017a, 164頁）ことである。学校全体の生活を楽しく豊かにするために，主として高学年の児童が計画立案を行ったり，その実践をリードしたりすることが中心となる。

　児童が活動に臨む際，計画的に見通しを立てたり振り返ったりすることで，児童が自主的に学ぶ態度を育み，学習意欲が向上することが考えられる。児童会活動の学習過程の例（文部科学省, 2017b, 85頁）を図4-1に掲載する。

　児童会活動の内容は，「児童会の組織づくりと児童会活動の計画や運営」「異

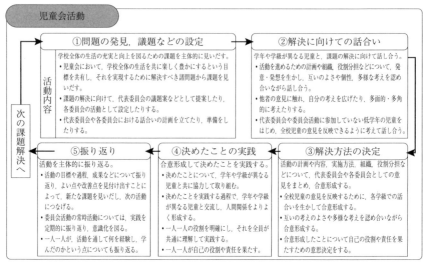

図4-1 児童会活動の学習過程（例）

出典：文部科学省，2017b，85頁。

年齢集団による交流」「学校行事への協力」の3つに大別される。各項でそれぞれの目標や内容について，詳しく述べていく。

(1) 児童会の組織づくりと児童会活動の計画や運営

　組織づくりに関しては，児童が主体的に行うことが大切である。役割を分担し，児童が主体となって計画を立てること，学校生活の課題を見出し解決するために話し合うこと，そして合意形成を図り実践していくことを目標とする活動である。具体的には，代表委員会活動，委員会活動の常時活動，全校生に関わる生活をよりよくするための約束づくりや，啓発活動などが考えられる。

　代表委員会の活動例としては，朝，校門で登校してきた児童に「おはようございます」と声をかけ，気持ちのよいあいさつをする雰囲気づくりをする「あいさつ運動」，学級の代表を通じて各学級から出された学校生活上の問題点について解決策を話し合う活動などが考えられる。低学年からも意見を集められるようにし，全校生がよりよい学校づくりに主体的に参加できるようにしたい。

委員会の常時活動としては，給食委員会が給食の時間に放送で献立や食材の説明をする「今日の献立紹介」や，運動委員会が企画し，学級ごとに長縄を何回跳べるかを競う「長縄大会」などが考えられる。学校生活をよりよいものにするために，各委員会で児童が主体となって常時活動を工夫し，自主的に活動の振り返りを行いながら実践を進めていくことが望ましい。

　生活をよりよくするための活動としては，6年生が全校生に向けて，いじめのない学校を目指す具体的な行動を宣言する「いじめのない学校づくり宣言」や，同じ校区の6年生と中学生の代表が集まり，いじめのない学校づくりやスマートフォンの適切な使い方など，自分たちのくらしの中の課題について話し合い，話し合った内容を学校に持ち帰って知らせる「ふれあい懇話会」などの活動が考えられる。小学校と中学校が連携していじめをなくす取組みをした実践例を，詳しく第3節で紹介する。

（2）異年齢集団による交流

　児童会活動における異年齢集団による交流とは，児童会が計画や運営を行う集会等の活動において，学年や学級が異なる児童とともに楽しく触れ合い，交流を図ることを目標とする活動である。具体例としては，各クラス趣向を凝らしたゲームのお店を開き，互いの店を回り合って交流する「○○フェスティバル」といった活動が考えられる。始めの式で，楽しいフェスティバルにするために気を付けることを確認したり，終わりの会で楽しかったことなどを発表し合ったりすることで，より交流が深まる活動となる。また，校区を居住区でいくつかの地区班に分け，危険な場所や気を付けることなどについて話し合う「地区班別集会」なども考えられる。近所同士に居住する異年齢集団で，自分たちの身近なくらしについて話し合うことは，楽しい触れ合いの時間をもつとともに，上手に話し合いを進めて意見をまとめ，課題を解決していく方法を，上学年から下学年に伝えていくよい機会ともなる。

（3）学校行事への協力

　児童会活動の一つとして，学校行事に協力する活動がある。学校行事の特質に応じて，児童会の組織を活用して，計画の一部を担当したり，運営に協力したりすることを目標とする活動である。たとえば，1年生を迎える会で，代表委員会が歓迎の言葉や交流のゲーム等を考えて，児童が主体的に進める場面をつくったり，6年生を送る会で代表委員会の5年生が中心となって企画したりして，6年生に感謝の気持ちを伝える出し物や，卒業をお祝いする言葉を考える活動などがあげられる。児童会が主体となって運営する場面があることで，参加児童全員がより主体的に行事に取り組むことができる。

2　中学校における生徒会活動

（1）生徒会の組織づくりと生徒会活動の計画や運営

　生徒会の組織づくりおよび生徒会活動の計画・運営は「生徒が，生徒会において主体的に組織をつくり，役割を分担し，活動の計画を立てたり，学校全体の生活の課題を見いだし，それを解決するために話し合い，合意形成を図り実践したりする」（文部科学省，2017c，73頁）過程で「自治的な活動に必要な資質・能力を育むとともに，生徒相互の心の交流を深め，よりよい人間関係を形成し，集団への所属感や連帯感を育む」（文部科学省，2017c，73頁）ことをねらいとする。具体的な取組み例を次にあげる。

　学校生活における規律とよき文化・校風の発展に関わる活動として，たとえば活気ある学校づくりの一環としての「あいさつ運動」がある。生徒会役員が主体となり，校内で出会った来校者や教師，先輩などに生徒一人ひとりが自ら大きな声であいさつをするよう呼びかけ，学校中で気持ちのよいあいさつが交わされるような文化をつくるという取組みである。また，よりよい人間関係を形成するための活動として，生徒会役員が中心となり，いじめ防止などに取り組むこともある。委員会活動で呼びかけや掲示物などによる啓発活動を行ったり，文化祭などの行事の際に，「いじめを自分たちの力でなくしていこう」と

いったメッセージを伝える劇を演じたりするような取組みもある。このほか，各種委員会の特色を生かした取組みが，生徒たち自身によって発案，企画され，教員の助言を取り入れながら学校全体で実施される。全校生が一つのことに取り組むことで，よりいっそうの連帯感や所属感，達成感や満足感などを得られ，新たな課題を発見して次の取組みにつなげるなど，集団と個人が相互にプラスに作用しながら成長していくことも期待できる。

　各種委員会の取組みには，「〇〇コンクール」のような名称をもつものがある。学校活性化の一環としての「あいさつコンクール」や，環境美化促進に向けた「清掃美化コンクール」，図書館利用の活性化や読書習慣定着を目標とした「読書コンクール」，身の周りの衛生面への注意喚起を促す「保健調べコンクール」など数多くある。生徒会や学級のリーダー発案による取組みが，生徒の実態やニーズに合うよう，教員は，必要に応じて適切な支援を行いながら，生徒の自主性や自治力を高めていくことが大切である。

（2）学校行事への協力

　学校行事への協力を通じて育成される資質・能力としては，学校行事の意義について理解を深め，行事を充実させるような協力の仕方を考え，生徒会組織を活用して取り組むことができるようになることなどが考えられる。また，ほかの生徒とともに学校行事に協力することを通じて，学校行事だけにとどまらず学校生活全体の充実と向上を図ることなども期待される。

　主だった取組み例としては，4月の新入生歓迎行事，3月の卒業生を送る会などの企画・運営のほかに，文化祭での生徒会企画展示やステージでの演目発表などが考えられる。このほかにも，生徒会役員や学級委員などが企画し，学年全体または学校全体で取り組む活動が考えられる。リーダーを先頭に，全校生で一つの目標に向かって尽力した取組みが，生徒同士の絆を深めたり，学校生活の充実につながったりしたという経験をもつ人も多いだろう。

　学校相互のつながりを深め，ともに高みを目指していこうとする態度を育むことを目的とした，ある自治体の取組みを紹介する。この都市では，夏季休業

開始後間もなく，すべての市立中学校の生徒会役員2名ずつが集まり，1泊2日の日程で宿泊研修を行っている。まずは160名以上の各校代表生徒が一堂に会し，お互いの心理的な障壁を取り除くことから研修が始まる。次に，あらかじめ指定されたグループに分かれて，交流を深めながら，それぞれの学校の生徒会活動の取組みについて発表し合い，良いところや課題などについて意見交換が行われる。1日目の午後，2日目の午前という長い時間をかけて行われたグループ協議の内容は，研修会の最後に全体に向けて発表される。そこでは，メンバーが得た学びや気づきなども付け加えられるなどして，質の高い発表が行われている。良い刺激を受け，他校のリーダーたちとのつながりを得た生徒たちは，自分の学校に戻り，2学期の行事について考える材料としたり，生徒会活動の見直しを行ったりして，生徒会活動の活性化につなげている。

（3）ボランティア活動などの社会参画

　1995年1月17日に発生した阪神・淡路大震災からの復興支援活動をきっかけに，この年は「ボランティア元年」と呼ばれるようになった。全国各地からのボランティアだけでなく，地元の中学生たちも，自分たちにできる支援とは何かを考え，復興を支える大きな力となった。阪神・淡路大震災だけではなく，災害からの復興支援に中学生が果たしてきた役割は非常に大きい。また，災害復興支援だけではなく，地域の一員として，中学生が様々な地域活動で貢献する場面も多くみられるようになってきている。中学校の発達段階に鑑みると，生徒の関心が広く学校外の事象に向けられることは望ましいことであり，そうした活動を通して得た満足感や達成感などは，自己有用感の醸成や，学習意欲の向上，また，生徒会活動の充実にもつながっているといえよう。

　地域・社会の形成者として，地域や社会生活をよりよくしようとする態度を養うことを目的に据え，地域の福祉施設や社会教育施設で定期的にボランティア活動を行っている取組みの例を紹介する。

　この取組みは，地域の福祉施設に中学生が災害復興支援に訪れ，がれきの撤去作業などの活動を行ったことに端を発する。復興後も，取組みは学校と地域

第4章　児童生徒による自主的，実践的な活動

との連携の一環として継続され，現在では次のような様態で実施されている。

　生徒会役員が，地域の福祉施設の担当者と，そのときどきの課題やニーズなどについて打ち合わせを行い，それをもとに活動内容を検討する。全校生徒に周知の後，希望者を募って施設を訪問し，活動を行う。2カ月に1回程度の割合で，体育会，文化祭などの大きな学校行事の前や，定期考査前，部活動の公式戦前などの時期を外して活動を行っている。活動に参加した生徒は，「自分のしたことで誰かが喜んでくれた」「自分が誰かの役に立っていると感じられた」という思いを味わう。このことが，生徒の自己有用感を醸成し，ものごとに意欲的に取り組もうとする態度を養うことにもつながっている。

　ただし，活動への参加が希望者のみであることや，休業日での活動実施であることから，この活動は教育課程には位置づけられていない。しかしながら，この活動は生徒会が主体的に関わり，高い教育的効果をもたらしているものであり，今後も継続して取り組んでいきたいものである。

3　小中学校連携の取組み（いじめゼロサミット）

(1) いじめゼロサミット実施の背景

　いじめ防止対策推進法が公布されたのは2013（平成25）年6月である。同じ年にいじめに関わる事件が市内中学校で起こった。そのときから，いじめが起きたときに命を落とすことなく，早期発見，早期解決するとともに，いじめのない学校にするためにどのような施策を講じていけばよいかが喫緊の課題となった。市の教育最重要課題として「いじめや暴力のない安全で安心な学校づくり」が掲げられ，教職員，保護者，地域住民が協力関係のもと，市民全体で子どもたちを見守り育てる市民総がかりの取組みを展開することとなった。いじめ防止対策施策のうちの一つが「いじめゼロサミット」である。この節では，市教育委員会の立場から，いじめ対策を行った実践を報告する。

（2）いじめゼロサミットの目的

　市のいじめ防止基本方針が策定され，「（市教育委員会は）児童生徒が主体となって参画する活動への支援を行うとともに，児童生徒，保護者，教職員にいじめを防止することの重要性に関する理解を深めるための啓発その他必要な措置を講ずること」と記載され，各学校が行っているいじめ防止に向けた児童会生徒会による活動とつなげるための「いじめゼロサミット」を行うこととなった。児童生徒が一つの場に集まり，話し合い，自分自身の課題として，考えを深めることでいじめゼロへの意識を高め，そこで得たことを学校に持ち帰り，さらに全校生に広めていくことを目的にした。

（3）各学校の取組みとつながるサミットに

　児童生徒だけでなく，先生方や地域・保護者の参加も考え，夏休みに開催した。各小中学校から2名の参加を要請した。また，このサミットで話し合ったことを，2学期の児童会生徒会活動の中で実現してほしいと考え，いじめゼロ強化月間を11月に設定した。強化月間では児童会生徒会の活動を活発化させ，校内での取組みを充実したものにするとともに地域や保護者への啓発にも力を入れていけるのではないかと考えた。

　このように，いじめゼロサミットが学校教育活動の一部となり，学校と連携した事業となるように計画した。

（4）いじめゼロサミット実行委員会発足

　中学生による実行委員会を立ち上げ，実行委員長を中心に生徒が自ら企画運営していくことにした。実行委員は市内全中学校7校から生徒会の役員が2名ずつ集まり，合計14名で組織した。生徒自らの企画運営でこのいじめゼロサミットを行うことが目的である。実行委員会で取り組んだのは次のようなことであった。

　①　いじめゼロサミットの目的を知り，サミットのテーマを決める。
　②　いじめ強化月間のスローガンを決める。

③　当日の司会進行等を全員で行う。

　第1回は4月に行った。委員長と副委員長は，どちらも立候補の中から決定し，意欲的な生徒たちに実行委員会も盛り上がった。次に，いじめゼロサミットの趣旨を伝えた。

　①　市内の児童生徒みんなでいじめについて考える場である。
　②　いじめがゼロになるように広めていく場である。
　③　いじめゼロ強化月間（11月）に向け，小中学校でできることを提案する場である。

　いじめゼロの取組みは小中学生だけが頑張ることではなく，地域や保護者も一緒に取り組んでいきたいことや，そのためのスローガンも実行委員会で考えることなど，この実行委員会の役割は大きいことを生徒たちは理解した。実行委員会の中で決まったスローガンは「まごころ〜支え合いでつながる笑顔〜」，サミットのテーマは「いじめをなくすために自分たちができること」であった。小学生にもわかるスローガンやテーマにしなければならないことを話し合いの中で何度も議論し，ようやく決まった。

（5）いじめゼロサミット当日（図4-2）
①　全体会

　司会やあいさつなどサミットの運営は，実行委員が行った。いじめの状況報告では6月の実態調査からみえてきたことを実行委員が報告した。小学校の取組み発表では，あいさつ運動を行ったことや，縦割り班活動で仲良く遊んだこと，相手を思いやる言葉（ほんわか言葉）を校内に掲示したことなどの報告があった。「今日，集まった小学生，中学生のみなさんが中心となり，いじめをなくすために自分たちにできることをテーマにいじめがなくなる方法を考えていきましょう。そして，来年度の調査では，いじめゼロとなるような取組みを目指しましょう」と実行委員長が問題提起をし，分科会へと分かれた。初めての司会や運営でうまく進められたわけではないが，生徒の気持ちが伝わり参観者から好評を得た。

```
1  開会行事 (10分)
2  全体会　(20分)
            市のいじめの状況報告（実態
            調査から）
            小中学校の取組発表（小学校
            2校・中学校1校）
            問題提起
3  分科会　(60分)
            4グループ（小学校3グルー
            プ，中学校1グループ）
            テーマ
            「いじめをなくすために，自
            分たちができること」
4  全体会　(20分)
            分科会の報告（各グループ3
            分）
            講評
            いじめゼロ宣言の採択
            閉会行事
```

図4-2　いじめゼロサミット　プログラム

② 分科会

　小学校の分科会では，1グループ14人程度で話し合い，司会は，主催者側の大人が行ったが，どの子もとても緊張している様子が伝わってきた。初めて顔を合わせる子どもたちが，進んで発表できるかが不安なところである。分科会の流れは次のとおりであった。

① 今日の発表を聞いて，どんなことを考えましたか。
② いじめをなくすためにどんなことをしたらいいですか。
　（みんなが心から楽しいと思える学校にするためにどうしたらいいですか。）
　（いじめを見たとき，聞いたとき，どんな行動をとるといいですか。）

　まず，取組み発表した学校の感想を聞くことから始めた。そして，自分たちの学校の取組みや日頃学級で行っていることなど意見を聞いた。たくさんの意見が出てきたが，それを集約し，次は自分の学校へ持ち帰ることができそうな取組みをそれぞれが考えた。

　中学校分科会も同じような流れであるが，司会は実行委員のメンバーで行った。中学校では，スマートフォンに嫌なことが書かれている友達がいると聞いたことや実際にいじめられている友達が身近にいたことなどの発言から議論が広がっていった。最後に，「学校やクラスの雰囲気をよくすることがいじめ防止につながる。そのためには，みんながお互いを認め合うことや肯定的な発言をしていくことが大事である」という意見が出た。スマートフォン等に関しては，所持者も増えていく中，書かれていることが見えないことに課題を感じるという意見が出た。

（6）サミットの取組みが学校のリーダーを育てる

　実行委員の生徒は，とても満足した様子だった。このような大きな場で，司会をしたり，発表をしたりする経験はほとんどない子どもたちだったが，終わったあとの表情はとてもよかった。A中学校では，このサミットを受けて，何かできないかを考える中で，「君を守り隊」という生徒たち発案の自治活動を展開した。希望者で構成し，校内見回りや啓発活動，月1回の会議を行い，いじめや暴力ゼロへの取組みを進めた。その結果，問題行動の数が半減した。

　小学生は，初めての市内全小学校の集まりとなったが，それぞれ学校に持ち帰り，全校朝会などの場を使い，サミットで話し合ったことを報告し，児童会活動につなげることができた。さらに，11月の強化月間に，話し合ったことを実際に取り組んでいった。どの学校もサミットに参加した児童会役員が中心となり，進めていくことができた。

　サミットが始まってから，4年が経過したが，いじめ実態調査の中で，「いじめを受けている」と答えた児童生徒の数が年々減少している。とくに，2回目の「傍観者とならないために，どうすればいいか」をテーマにした後は，「いじめを見たときに何もしない」という児童生徒の数が減った。サミットで話し合ったことが，校種を問わず，いじめ減少の効果として現れていることを実感できた。このように，児童生徒の主体的な取組みが学校のリーダーを育て，学校全体をよい方向へと進めていくことができた実践である。

4　高等学校の生徒会活動実践事例

（1）高等学校における生徒会活動とは

　高等学校での生徒会活動について，新学習指導要領で意識されているのは，2016年から開始されたいわゆる「18歳選挙権」に伴う「主権者教育」としての視点である「社会参画」である。学級活動や学校行事においても指導すべき観点であるが，全校生徒すべてが参加し組織する生徒会では，学校を小さな社会として捉える特別活動の考え方からすれば，生徒にとってまさに「社会参画」

しながら学ぶことになる。

　高等学校では，生徒会活動は小中学校での学びを基盤とし，より生徒の自主的，実践的な活動として展開すべきである。ただ本書第10章でも言及するが，高等学校は教育課程が様々に存在する。また入試を経ているため，小中学校とは異なり，学力面や卒業後の進路希望などの面から考えると多様な生徒が存在しているわけではない。そのため，高等学校における生徒会活動を一般化して述べることにはかなりの困難を伴う。よって，以下3つの観点で実践を取り上げた。1つ目に取り上げる実践は，生徒会活動にできるかぎり多くの生徒が参加するための行事を企画運営する方法についてのものである。2つ目は，一見すると個人的な思いにみえるものを，生徒会活動として公的なものとして行事へとつなげたものである。3つ目は生徒会活動を自治活動へとつなげる方策に関わるものである。これらの実践から高等学校における生徒会指導について考えていく。

（2）生徒会活動に生徒全員が関わるための組織と手続き

　1つ目は，生徒会活動が大変盛んで，様々な学校行事が生徒会行事として生徒主体で運営されている学校における実践を紹介する。この学校では，体育祭が生徒会行事の中心として位置づけられ，1～3年生の縦割りで団を編成し，応援団やマスゲームなどの演技と，綱引きやリレーなどの各種競技を行っている。この体育祭を例として取り上げる。

　この学校では体育祭のみならず，すべての生徒会行事において要綱を作成する。生徒が作成した要綱をもとに，生徒で様々な役割を分担しながら行事を運営していく。この要綱づくりにこの学校の特色が現れている。教員は事前に生徒と活動の目的について考え，生徒のみでは対応ができない範囲について知らせる。その制限に基づいて生徒は活動を行う。

　この要綱を作成する場合の手順について示す。生徒議会にて，前年度の要綱を，反省とともに提示する。生徒議会に出席している学級代表がそれらを持ち帰り，ホームルームにて昨年度の反省を踏まえ，要綱に対する意見を出し合う。

そして、そこで出された意見が生徒議会において集約される。

次に、集約された意見は3年生で構成される体育祭企画委員会において検討される。この会議の議事を進行するのは、生徒会役員である体育委員長（2年生）である。生徒議会で出た様々な意見に3年生の強い思いも反映され、本年度の原案が作成される。この原案が再び生徒議会において提示され、学級代表がホームルームへ持ち帰り、ホームルームでの討議を行う。

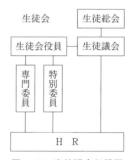

図4-3　生徒議会組織図
出典：筆者作成。

各ホームルームでの討議をもとに、生徒議会において要綱を可決するかどうかの討議を行う。ホームルームにおいて、要綱原案に対して異論が出た場合には、議会で修正案が提案されることもある。これらの手続きを経て、ようやく体育祭の要綱が可決され、その要綱に基づいて体育祭の活動が開始される。この手続きに関わる組織を図示したものが図4-3である。

しかし、体育祭を実際に行うためにはこの要綱だけでは実行することはできない。演技についての要綱や競技についての要綱、また使用場所の美化に関わる厚生要綱、下校時間などに関わる風紀要綱など、上記の体育祭の要綱と同じ手順で決定される。完成した各種の要綱をもとに体育祭の運営がなされる。

一見すれば、非常に効率の悪い方法である。しかし、このやり方の重要な点は、すべての生徒が行事の企画に参画しているという点である。生徒によって行事への関心は異なり、すべての要綱づくりに積極的に参加するわけではない。しかし、ホームルームでの討議によってほかの生徒にとって大切な行事があるということを理解することができる。そうして学校全体を単位とする大きな行事であっても、役割分担をしながら運営、実行に参加するということを肌身で感じながら行うことができるのである。

この実践から、行事運営などで生徒の負担に鑑みて教員が様々な段取りをつけてしまうことで、実は生徒の学びの機会を減らしてしまっていること、様々な他者の思いを感じる機会を奪ってしまうことの可能性への示唆が得られる。

（3）個人のつぶやきを生徒会活動に活かす

　次に紹介する実践は，定時制高等学校でのものである。この学校には中学校時代不登校傾向であったり，発達障害をもっていたりする生徒も少なくない。そのような生徒に対して教員は学校を楽しいものに，また活動をやりがいのあるものとすることで学校を活気づけ，生徒に主体性をもたせたいと常々考えている。生徒会役員になる生徒がすべて，全員の前に立ち率いていくようなリーダーシップをもっているというわけではない。クラスではなかなか意見を言いづらく感じているが，何かやってみたいというような思いをもっていたり，生徒会役員室が居場所になっていたりすることもある。本実践の生徒会長も，強いリーダーシップをもっているわけではなかった。

　本実践の定時制高等学校は，普通科の高等学校と併設されている。その普通科の学校で行われているスキー行事と同じものを生徒会長が行いたいとつぶやいたことから始まった。教員はその思いを聞き取ると，すぐに実行させようとするのではなく，生徒会行事として行うのならば全校生徒の思いを聞く必要があるし，みんなが参加できるような行事づくりをする必要があることをほかの役員にも合わせて示唆した。生徒会役員経験の長い生徒が全校アンケートをとり，どのようにすればすべての生徒が参加できる行事にできるのかについて役員同士で検討を重ねた。スキー場やバスなどの手配については教員が行っている。

　この実践は，先に紹介した実践とは異なり，前例がない行事を，生徒の思いに着目しながら形づくった実践である。もともとは生徒会長という立場の生徒ではあるが，1人の生徒の思いをくみ上げて，すべての生徒が参加できるような公的な活動へとつないでいく生徒会活動となっている。このように，出発は私的なものであっても，全生徒が関わる公的な行事へと編み上げていく過程を経験することも生徒会活動において大切な要素である。その公的な行事へとつくり上げていく過程を経験し，またその振り返りを行うことで，学びをより深めることができる。生徒会は生活上の課題を解決するための組織である。個人的な問題をそのままにしないということは大切な観点である。

（4）自治的活動としての生徒会活動

　これまで紹介した実践は，ともに教員の適切な指導のもとに行われた，いわば教育的な生徒会活動である。最後に紹介する実践は「自治」としての観点をもった活動である。

　生徒会活動の決定について最終的な権限をもつのは校長だとされる。しかし，生徒議会での議決と，職員会議などの教員の議決が対立したときにどのように解決するのかを明記した生徒会会則は多くないと思われる。多くの学校では生徒会としての議決がなされても，教員の承認がなければ実行に移されないことになっている。そのため，教員からの合意が得られそうにない場合については，事前に生徒会担当の教員から生徒に対して指導が行われるため，生徒は教員の顔色を見ながら活動を計画するということが行われやすくなる。

　このことに対応するためには，長野県辰野高等学校などで有名になった三者協議会のような機関を立ち上げる必要がある。三者協議会では，教員，保護者，生徒の代表が参加し，その場において，学校運営や活動に対する検討を行う。

　この実践のメリットは，2つある。1つ目は，議論がオープンに行われるということである。職員会議のように，生徒から見えない場所での議論によって活動が左右されるのではなく，関係する三者が一堂に会して議論をするため，その過程でそれぞれの意見のもととなる理由が共有されることである。2つ目は，違った立場からの意見が交換されるということである。議論を行う際には，物事を多面的に捉え，検討を加えることで，最終的な合意の水準が上がる。合意をすることはむずかしいが，それでも相互理解が進む。生徒がそのような多様な立場からの意見に触れ，周囲からの期待を受けて，責任を自覚することもこの取組みの良さである。

引用文献
文部科学省（2017a）「小学校学習指導要領」。
文部科学省（2017b）「小学校学習指導要領解説特別活動編」。
文部科学省（2017c）「中学校学習指導要領解説特別活動編」web版。

> **学習の課題**
>
> (1) 小学校における児童会活動で，児童の自主性を尊重しつつ実践的な取組みにするためには，どのような学習過程で活動を進めればよいだろうか。具体的な場面を想定し，考えてみよう。
> (2) 中学生が地域参画することができ，高い教育的効果を期待できるような活動の実施計画を立ててみよう。
> (3) 小中学校または中高等学校で連携する教育的効果と，活動に取り組む上での課題点について話し合おう。

【さらに学びたい人のための図書】

奈須正裕著（2017）『「資質・能力」と学びのメカニズム』東洋館出版社。
　⇨新学習指導要領の中で育成されることが目指されている資質・能力の3つの柱について，詳しく解説されている。

赤坂雅裕（2014）『心躍る特別活動』文教大学出版。
　⇨特別活動の教育的意義の解説および，生徒会活動，学級活動，学校行事の効果的な実践例の紹介がされている。

いしいみちこ（2017）『高校生が生きやすくなるための演劇教育』立東舎。
　⇨高校生に演劇を教えるドラマティーチャーとしての著者が，高校生との向き合い方を伝える一冊である。

（森原かおり，橋本奈々重，黒田睦美，小原淳一）

第5章 特色ある学校行事の実践

この章で学ぶこと

学校行事は、学校生活に秩序と変化を与える役目がある。また、仲間とともに体験的な活動を行うことで、学校や学年などの集団への所属感を深めるものである。学校生活の充実と発展に資する体験的な活動を行うことができるのが、学校行事なのである。内容は「儀式的行事」「文化的行事」「健康安全・体育的行事」「遠足（旅行）・集団宿泊的行事」「勤労生産・奉仕的行事」の5つに分けられる。各学校では、年度当初に教育課程編成を行い、その中で学校行事の年間計画を立てて実施している。内容によって、全校行事であるものから、学年単位、学級単位で行うものまで様々であるが、実施する行事の内容と適切な時期、必要な時数を考えて計画している。

この章では、5つの内容別に、ねらいや詳しい内容等について、実践例をあげて述べる。

1 よりよい学校生活を築くために

学校行事の目標は、「全校又は学年の児童（生徒）で協力し、よりよい学校生活を築くための体験的な活動を通して、集団への所属感や連帯感を深め、公共の精神を養いながら、第1の目標に掲げる資質・能力を育成することを目指す」（文部科学省、2017a、167頁；2017b、149頁）ことである。

学校行事は大きな集団を単位として児童生徒が協力して行う体験的な活動であること、体験的な活動とは、集団における児童生徒同士の触れ合いを基盤とした直接体験であること、と解説している。さらに、児童生徒自身が自主的、実践的に取り組み、さらなる向上を目指し、よりよい生活づくりに参画しようとする態度や多様な他者と尊重し合おうとする態度、個人の尊厳とともに他者

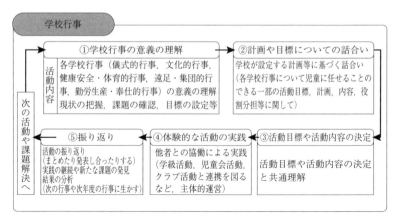

図5-1 学校行事における学習過程(例)
出典:文部科学省,2017c,117頁。

表5-1 学校行事において育成が求められる資質・能力

	小学校	中学校
知識および技能	行事のねらいや内容に即した行動の仕方や習慣を身に付けるようにする。	規律ある行動の仕方や習慣を身に付けるようにする。
思考力・判断力・表現力	学校生活の充実を図り,人間関係をよりよく形成するための目標を設定したり課題を見出したりして,集団活動や体験的な活動に協力して取り組むことができるようにする。	集団や自己の生活上の課題を結び付け,人間としての生き方について考えを深め,場面に応じた適切な判断をしたり,人間関係や集団をよりよくしたりすることができるようにする。
学びに向かう力・人間性	よりよい人間関係を形成しながら,多様な他者と尊重し合おうとする態度を養う。個人の尊厳とともに,他者の尊厳も重んじる態度を養う。	集団や社会の形成者としての自覚を持って多様な他者を尊重しながら協働し,公共の精神を養い,よりよい生活をつくろうとする態度を養う。

出典:文部科学省,2017c,116頁;2017d,88〜89頁をもとに筆者作成。

の尊厳も重んじる態度を養うことが求められる。学校行事の学習過程について,図5-1に小学校の例を掲載する。

また,育成が求められる資質・能力については,小学校と中学校で部分的に差がつけられているので,比較し,表5-1にまとめた。

行事と総合的な学習の時間とを関連させて指導に当たる場合,注意しなければならない点がある。小学校,中学校ともに,学習指導要領では,「総合的な

学習の時間における学習活動により，特別活動の学校行事に掲げる各行事の実施と同様の成果が期待できる場合においては，総合的な学習の時間における学習活動をもって相当する特別活動の学校行事に掲げる各行事の実施に替えることができる」（文部科学省，2017a，6〜7頁；2017b，6〜7頁）と示されているが，総合的な学習の時間において探究的な学習が行われる中で体験活動を実施した結果，学校行事として同様の成果が期待できる場合にのみ，特別活動の学校行事を実施したと判断してもよいことを示しているもので，特別活動の学校行事を総合的な学習の時間として安易に流用して実施することを許容しているものではないと解説している。学校行事は，平素の学習活動の成果を総合的に発展させる実践の場であるので，ねらいを明確に設定した上で総合的な学習の時間との関連を図りたい。

2 文化的行事

(1) 学校生活を楽しく豊かなものにするために

文化的行事の内容は，「平素の学習活動の成果を発表し，自己の向上の意欲を一層高めたり，文化や芸術に親しんだりするようにすること」（文部科学省，2017a，168頁；2017b，150頁）である。具体的には2つに大別される。1つ目は，児童生徒が各教科等における日頃の学習の成果を総合的に発展させ，発表し合い，互いに鑑賞する行事である。学習発表会，展覧会，作品展示会，音楽会，小学校における学芸会や中学校における文化祭，などである。2つ目は，児童生徒の手によらない，外部の文化的な作品や催し物を鑑賞する行事で，音楽鑑賞会，演劇鑑賞会，地域の伝統文化等の鑑賞会などがあげられる。

文化的行事のねらいは，小学校，中学校ともに「児童（生徒）が学校生活を楽しく豊かなものにするため，互いに努力を認めながら協力して，美しいもの，よりよいものをつくり出し，互いに発表し合うことにより，自他のよさを見付け合う喜びを感得すると共に，自己の成長を振り返り，自己のよさを伸ばそうとする意欲をもつことができるようにする。また，多様な文化や芸術に親しみ，

表5-2　文化的行事において育成が求められる資質・能力

	小学校	中学校
知識および技能	文化的行事の意味や発表や鑑賞の仕方を理解し，互いに発表したり鑑賞し合ったりする活動に必要な知識や技能を身に付ける。	他の生徒と協力してつくり出し，発表し合ったり，鑑賞したりする活動に必要な知識や技能を身に付ける。
思考力・判断力・表現力	自他のよさについて考え，互いのよさを認め合う。	自他の個性を認め，互いに高め合う。
学びに向かう力・人間性	多様な文化や芸術に親しむとともに，自他のよさを見つけ合い自己の成長を振り返り，積極的に自己を伸長しようとする態度を養う。	生涯にわたって多様な文化や芸術に親しむとともに，伝統文化の継承や新たな文化の創造に寄与しようとする態度，自己を一層伸長させようとする態度を養う。

出典：文部科学省，2017c，120頁；2017d，93頁をもとに筆者作成。

美しいものや優れたものに触れることによって豊かな情操を育てる」（文部科学省，2017c，120頁；2017d，93頁）とされている。よりよいものをつくりだすためには，つくり手自身が満足できることも大切であるが，鑑賞者に感動を与えることで，さらに満足感が高まり，互いのよさを認め合う喜びを感じることができる。教科等との横断的な取組みを計画し，適切な時間を確保して行事の日を迎えたい。また，美しい音楽や芸能をともに鑑賞し，感想を交流し合うことで，感動を共有するとともに，自他の感じ方の違いにも気づき，互いに尊重し合う姿勢づくりができる場としたい。

　育成が求められる資質・能力については，小学校と中学校で段階的に設定されているので，表5-2に比較し，まとめた。

　実施上の留意点として，小学校は，異年齢の児童が一堂に会し，全員参加の意識をもつことができるようにすること，児童が計画したり運営したりして，主体的に運営できるよう配慮すること，練習や準備等で児童に過度な負担をかけないよう，あらかじめ適切な時間を設定すること，より質の高い芸術や文化に触れさせ，児童の豊かな感性を養うことができるよう配慮することがあげられている。学習の成果を発表する行事である場合，よりよいものを目指すあまり予定外に過度な時間をかけてしまうことのないよう，児童の実態を把握した上で，あらかじめ適切な目標を設定し，計画的に実施していきたい。中学校は，

各教科などで習得した知識や技能をさらに深めさせ，発表する能力を育て，自己を一層伸長させようとする意欲を高めさせること，個性を伸ばし，自主性，創造性を高めるとともに成就感や達成感を味わい，責任感と協力の態度を養うこと，生徒が自ら活動の計画を立て，意欲的に活動できるように援助すること，秩序ある活動を進め，調和のとれた指導計画を作成することがあげられている。生徒が行事の目標をよく理解した上で，主体的に関われるよう工夫した計画にすることが望ましい。

(2) 小学校における実践例（音楽会）

　学習の成果を発表する場として，音楽会を実施する場合の一例を紹介する。

　音楽会に向けての演奏練習等は音楽科としての教科指導の時間とし，音楽会当日は文化的行事として位置づける。合唱や合奏などの音楽表現をしたり，他学年の演奏を鑑賞したりすることを通して，豊かな情操を育てること，友達と関わり合い，一つの目標に向かって仲間とともに努力を積み重ねる経験を通して，自他のよさを見つけ合う喜びを感じることをねらいとして実施する。音楽科の学習発表の場として保護者対象の音楽会を開催するだけでなく，全校の児童同士で鑑賞し合う児童音楽会を行って，練習を重ねてきた各学年の演技の素晴らしさに気づき，その努力をたたえ合う機会としたい。そして，鑑賞後に感想カードを書いて他学年のよさを伝え合うことができるようにする。また，保

表5-3　小学校における音楽会の学習過程（例）

実施時期	内　容
7月	・担当楽器，担当パートを決定する（各学年）。
9月	・音楽科の授業の中で，学級ごとに練習を開始する。
10月	・代表委員会で音楽会のめあてを話し合い，全校生に知らせる。 ・各学年合同の練習を開始する。
11月	・主に高学年の音楽会実行委員で，自分の学年の演奏方法を工夫したり，演出等を考えたりする。 ・全校児童で鑑賞し合う児童音楽会を行い，他学年のよかったところを感想カードに書く。後日，互いに感想を伝え合う。 ・保護者が鑑賞する音楽会を行う。終了後の感想を作文にし，自己の成長を振り返る。

出典：筆者作成。

護者が鑑賞する音楽会終了後，それまでの練習期間も含めて，自分が努力してきたことや身に付けた力について評価することで，自己の成長の振り返りをすることができるようにしたい。

児童が主体的に活動できる場面をつくるため，代表委員会で音楽会のめあてを考えたり，各学年の実行委員会で演奏方法の一部や演出等について考えたりする活動も考えられる。表5-3に，具体的な学習過程の一例をあげる。

3　健康安全・体育的行事

(1) 心身の健康の保持増進のために

　健康安全・体育的行事の内容は，「心身の健全な発達や健康の保持増進，事件や事故，災害等から身を守る安全な行動や規律ある集団行動の体得，運動に親しむ態度の育成，責任感や連帯感の涵養，体力の向上などに資するようにすること」（文部科学省，2017a，168頁；2017b，150頁）である。具体的な内容としては，健康・安全に関する行事（健康診断，給食，防犯，交通安全，避難訓練等），体育的な行事（運動会・球技大会等）が考えられる。

　健康安全・体育的行事のねらいは，「児童（生徒）自らが自己の発育や健康状態について関心をもち，心身の健康の保持増進に努めるとともに，身の回りの危険を予測・回避し，安全な生活に対する理解を深める。また，体育的な集団活動を通して，心身ともに健全な生活の実践に必要な習慣や態度を育成する。さらに，児童（生徒）が運動に親しみ，楽しさを味わえるようにするとともに体力の向上を図る」（文部科学省，2017c，121頁；2017d，94頁）ことである。

　育成が求められる資質・能力については，3つあげられている。知識および技能については，心身の健全な発達や健康の保持増進，事件や事故，災害等の非常時から身を守ることなどについてその意義を理解し，必要な行動の仕方などを身に付けることがあげられている。避難訓練を通して非常時における安全な避難の仕方を身に付けることなどがこれに当たる。また，体育的な集団活動の意義を理解し，規律ある集団行動の仕方などを身に付けるようにすることも

表5-4 健康安全・体育的行事における実施上の留意点

	小学校	中学校
健康安全に関する行事	・集中的，総合的，組織的に行う。 ・学級活動(2)において，健康に関する指導や児童会活動，体育科の保健の学習内容との関連を図る。 ・安全や防災に関する行事は，表面的，形式的な指導ではなく，具体的な場面を想定し，行う。 ・遠足・集団宿泊的行事における宿泊施設からの避難の仕方や安全確保について指導しておく。	・学級活動，生徒会活動，各教科，道徳などの内容との関連を図る。 ・体に疾病などが発見された生徒の措置，事故や災害から自他の安全を守ることの意義など，事後指導について十分配慮する。 ・自然災害や犯罪などの非常事態に際し，沈着，冷静，迅速，的確に判断し，自他の安全を確保する能力を身に付ける。
運動会等体育に関する行事	・実施に至るまでの過程を大切にし，時間の配当に留意する。 ・事故防止に努める。 ・児童以外の参加種目を設ける場合は，運動会の教育的意義を損なわない範囲にとどめる。 ・児童会活動などの組織を生かした運営を考慮する。 ・いたずらに勝負にこだわることなく，一部の児童の活動にならないように配慮する。	・生徒の負担の度合いに配慮する。 ・健康や安全についての指導を徹底し，事故の防止，発生の場合の準備や緊急時の対策について配慮する。 ・運動に親しみつつ体力を向上させるというねらいを達成させ，教育的価値が発揮できるようにする。 ・日頃の学習の成果を公開し，家庭や地域社会の理解と協力を促進する。

出典：文部科学省，2017c，122～123頁；2017d，95～96頁をもとに筆者作成。

あげられている。運動会の組体操などの集団演技で自分の役割に合った動きをし，協力して演技をつくりあげることなどが，これに当たる。思考力・判断力・表現力については，自己の健康や安全，体力の向上等に関する課題や解決策について考え，他者と協力して，適切に判断し行動することができるようにすること，運動することのよさについて考え，集団で協力して取り組むことができるようにすることがあげられている。学びに向かう力・人間性については，心身の健全な発達や健康の保持増進に努め，安全に関心をもち，積極的に取り組んだり実践したりしようとする態度を養うこと，運動に親しみ，体力の向上に積極的に取り組もうとする態度を養うことがあげられている。

　実施上の留意点について，小学校，中学校別に，表5-4にまとめた。

（2）小学校における実践例（運動会）

　学習の成果を発表する場として，運動会を実施する場合の一例を紹介する。

　運動会に向けての演技練習等は体育科としての教科指導の時間とし，運動会当日は体育的行事として位置づける。運動する喜びや楽しさを味わわせ，運動のよさについて考える機会とすること，集団で協力した動きをすることを通して，規律ある行動の仕方を身に付けることをねらいとして実施する。また，集団行動の中で協力し，演技の完成をともに目指すことで，よりよい人間関係を形成しながら多様な他者と尊重し合おうとする態度も養いたい。運動会当日は，全学年で練習の成果を発表し合うことで，互いのよさを認め合い，努力をたたえ合う場としたい。

　児童が主体的に活動できる場面をつくるため，代表委員会で運動会のめあてを考えたり，応援団が応援の仕方を考え，全校生に広めたり，紅白に分かれて作戦を考えて競技に臨んだりする活動が考えられる。表5-5に，具体的な学習過程の例をあげる。

　練習時間に関しては，児童へ負担がかからないように配慮し，あらかじめ計画的に練習時間を設定する必要がある。限られた練習時数の中で充実した演技をするために，たとえばリレーについては，1学期の体育科の授業として学習しておくなどの工夫が考えられる。児童の実態を把握し，実情に合った計画を立てられるようにしたい。

表5-5　小学校における運動会の学習過程（例）

実施時期	内　容
7月	・各学年の演技種目を決定する。
9月	・代表委員会で運動会のめあてを話し合い，全校生に知らせる。 ・各学年で練習を開始する。 ・高学年有志児童で構成する応援団で，応援の仕方を話し合い，全校生に知らせ，練習する。
10月	・各学年の運動会実行委員等を中心として，作戦を話し合う。 ・運動会を実施する。

出典：筆者作成。

（3）中学校における実践例（球技大会）

　中学校の生徒会活動の構成組織の一つに，常設の各種委員会などがあり，その中に体育的な行事等を主導する体育委員会がある。球技大会は，授業で履修する競技に親しむとともに，生徒の自主性や主体性を養うことがねらいである。体育委員が，長を中心として顧問教員とともに球技大会の目的や趣旨を考え，運営方法を企画し，実施するのである。他の学校行事や教育活動との兼ね合いもあるため，実施月の定例の委員会の際などに計画に着手し，必要に応じて臨時の委員会を開きながら，球技大会の流れから対戦方法，勝敗の決め方，表彰の種類，ルールの設定などを行う。体育委員は，球技大会運営の際には，役員としての責任を果たすとともに，学級のリーダーとして，成員の士気を高め，学級をまとめ，集団としての成長を促す中核的な役割を果たす。教育課程の内容にもよるが，学期末の終業式前に行うことが多く，1学期はバレーボール，2学期はバスケットボールやサッカーなどを球技大会の種目に採用する場合が多いようである。学期末に実施することで，球技大会への取組みを通じて，その学期の学級集団の成長や変化などを振り返ったり，次学期への意欲喚起へとつなげたりする効果が期待できる。

4　勤労生産・奉仕的行事

（1）社会奉仕の精神を養うために

　勤労生産・奉仕的行事の内容は，「勤労の尊さや生産の喜びを体得すると共に，ボランティア活動などの社会奉仕の精神を養う体験が得られるようにすること」（文部科学省，2017a，168頁；2017b，150頁）である。具体的な内容としては，校内美化活動や地域社会の清掃活動，小学校では飼育栽培活動，中学校では職場体験活動や上級学校などへの訪問・見学などが考えられる。ねらいは，「学校内外の生活の中で，勤労奉仕やボランティア精神を養う体験的な活動を経験することによって，勤労の価値や必要性を体得できるようにするとともに，自らを豊かにし，進んで他に奉仕しようとする態度を養う」（文部科学省，2017c，

表5-6　勤労生産・奉仕的行事において育成が求められる資質・能力

	小学校	中学校
知識および技能	活動の仕方について必要な知識や技能を身に付け実践することができるようにする。	働くことの意義，社会的・職業的な自立について理解し，知識・技能を身に付ける。
思考力・判断力・表現力	勤労や生産の喜び，ボランティア活動などの社会奉仕の精神を養う意義について考え理解する。	勤労生産や奉仕に関して自分のできることを判断し，多様な他者と協力して実践することができる。
学びに向かう力・人間性	学校や地域社会など公共のために役立つことや働くことへの関心をもち，勤労や生産，他者への奉仕に積極的に取り組もうとする態度を養う。	勤労観や職業観を深めて社会奉仕の精神を養い，進んで勤労生産や奉仕に関わり，社会に貢献しようとする態度を養う。

出典：文部科学省，2017c，125頁；2017d，98頁をもとに筆者作成。

125頁；2017d，98頁）ことである。

　育成が求められる資質・能力については，小学校と中学校では段階的に相違があるので，校種別に表5-6にまとめた。

　小学校においては，学期末に校内の大掃除を行い，低学年は自分たちの使用した場所を中心に，高学年は全校生が共同で使用する場所も，普段より時間をかけて丁寧に清掃する。地域の清掃活動に取り組んでいる学校もある。一生懸命仕事をする心地よさを味わい，きれいになった成果に喜びを感じることで，勤労の価値や必要性を体得することができる。また，高学年になると，運動会や音楽会，入学式や卒業式といった大きな行事の準備として，清掃や会場づくりをする。高学年としての自覚を高めるとともに，学校行事の運営に主体的に関わる意識を高めることもできる。中学校においては，校外に出て地域社会での活動も増えてくる。卒業すれば，義務教育は終了し，何らかの形で社会に出て行くことになる。活動を通して，人の役に立てるような力を身に付け，社会に貢献することに喜びを感じられるようにしたい。

　実施上の留意点についてあげられているもののうち，小中学校共通しているのは，ボランティア活動へ積極的に参加できるよう配慮すること，家庭や地域と連携して活動を進めていくこと，活動の際に安全に対する配慮を十分にすることである。さらに，他教科との関連については，小学校では，児童が行事の

教育的意義を理解し，進んで活動できるように指導すること，中学校では事前・事後のまとめや発表を工夫し，体験したことがより深まるように工夫すること，とくに職場体験活動は，キャリア教育の一環として位置づけ，自己の能力・適性等についての理解を深め，職業や進路，生き方に関わる啓発的な体験が行われるようにすることがあげられている。

（2）中学校における実践例（トライやる・ウィーク）

中学校における実践例として，トライやる・ウィークをあげる。勤労生産・奉仕的行事の内容およびねらいは第1項にあげたとおりであるが，その代表的なものであるトライやる・ウィーク実施についても，事前・事後学習の充実が必要不可欠である。トライやる・ウィークは2年生での実施である。表5-7に，11月の初旬頃に実施する場合の指導例をまとめた。

表5-7　中学校における「トライやる・ウィーク」の学習過程（例）

月	学習内容	ねらい
6月	・1年生のときに調べた職業と，地域の事業所とその業務内容を確認する。 ・ゲストティーチャーを招き，職業講話を聴く。	・自分の適性について再考する。 ・社会人としてのマナーや振舞い方等を学ぶ。
9月	・受入先事業所を決定する。 ・複数受入可の場合，グループも決定する。	・自分の活動事業所を知る。 ・クラスの枠を超えて，同じ事業所で活動する仲間と協働する。
10月	・自己プロフィールを作成する。 ・事業所事前訪問について考え，望ましい方法を疑似体験する。	・丁寧に取り組む態度を養う。 ・実践によって望ましいマナーを習得する。
直前	・事前訪問を行う。 ・出発式を企画，実施する。	・事業所の人たちと関係を築く。 ・自主的，協働的に取り組む態度を養い，実施への意欲を高める。
直後	・職業インタビューの内容や活動内容，学んだことなどについてまとめる。	・学んだことを再認識したり，自分の能力や適性等について理解を深め，進路について考える一助としたりする。
12月	・保護者や事業所の人たちを招き，発表会を行う。	・発信力を高めるとともに，自己理解，仲間理解を深める。

出典：筆者作成。

5　その他の学校行事

（1）遠足（旅行）・集団宿泊的行事

　小学校では遠足・集団宿泊的行事，中学校では旅行・集団宿泊的行事とされる行事の内容は，「自然の中での集団宿泊活動などの平素と異なる生活環境にあって，見聞を広め，自然や文化などに親しむとともに，よりよい人間関係を築くなどの集団生活の在り方や公衆道徳などについての体験を積むことができるようにすること」（文部科学省，2017a，168頁；2017b，150頁）である。具体的には，遠足，修学旅行，野外活動，集団宿泊活動などがあげられる。

　ねらいは，小中学校ともに，「校外の豊かな自然や文化に触れる体験を通して，学校における学習活動を充実発展させる。また，校外における集団活動を通して，教師と児童（生徒），児童（生徒）相互の人間的な触れ合いを深め，楽しい思い出をつくる。さらに，集団生活を通して，基本的な生活習慣や公衆道徳などについての体験を積み，集団生活の在り方について考え，実践し，互いを思いやり，共に協力し合ったりするなどのよりよい人間関係を形成しようとする態度を養う」（文部科学省，2017c，123頁；2017d，96頁）ことである。たとえば，野外活動は，学習の場を自然の中へ移し，宿泊体験することを通して，主体的に判断して行動し，よりよく問題を解決する力をつけることや，生命に対する畏敬の念を感じさせることをねらって活動する。修学旅行では，きまりを守った集団行動ができる力を身に付けるとともに，協力する活動を通して互いを認め，友情を深めることをねらいとして活動する。

　育成が求められる資質・能力としては，小中学校ともに，校外における集団生活のあり方や公衆道徳などについて理解し，必要な行動の仕方を身に付けることが挙げられる。また，平素とは異なる生活環境の中での集団生活のあり方について考え，自然や文化などに触れる体験において学習活動の成果を活用するように考えることができるようにすることも求められる。

　実施に当たっては，児童生徒が自主的に活動できる場を考慮すること，参加

意欲を高めるような事前指導を行うこと，現地の状況や安全を確認し，事故防止のための万全な配慮をすることに留意することが必要である。

（2）儀式的行事

儀式的行事の内容は，「学校生活に有意義な変化や折り目を付け，厳粛で清新な気分を味わい，新しい生活の展開への動機付けとなるようにすること」（文部科学省，2017a，168頁；2017b，150頁）である。入学式，卒業式，始業式，終業式，修了式，開校記念に関する儀式，教職員の着任式・離任式，新入生との対面式，朝会などが，これに当たる。儀式的行事のねらいは，学校生活に一つの転機を与え，児童生徒が相互に祝い合い励まし合って喜びをともにし，決意も新たに新しい生活への希望や意欲をもてるような動機づけを行い，学校，社会，国家などへの所属感を深めるとともに，厳かな機会を通して集団の場における規律，気品のある態度を養うことである。

育成が求められる資質・能力としては，小中学校ともに，儀式的行事の意義や，その場にふさわしい参加の仕方について理解し，厳粛な場における儀礼やマナー等の規律，気品のある行動の仕方などを身に付けることがあげられる。また，小学校では，集団の場において規則正しく行動することができるようにすること，行事を節目として，希望や意欲をもってこれからの生活に臨もうとする態度を養うことがあげられる。中学校では，学校生活の節目の場において，気品ある行動をとることができるようにすること，これまでの生活を振り返り，新たな生活への希望や意欲につなげようとする態度を養うことがあげられる。

実施上の留意点としては，ねらいを明確にして内容に工夫を加えることで児童生徒の参加意欲と儀式から受ける感銘の度合いを高めること，入学式や卒業式などにおいては，国旗を掲揚し，国歌を斉唱することなどがあげられている。この他にも，学校現場では，身なりや服装を整えて式に参加するように促したり，会場の飾りつけを工夫したりして式の雰囲気づくりをし，厳粛さや新しい生活が始まることへの期待と高揚感を高めるといった配慮のもとに儀式的行事に臨んでいる。

児童が役割を担って主体的に参加する小学校の活動例として，1年生を迎える会，6年生を送る会について，「学校行事への協力」（本書第4章第1節第3項）で紹介している。

引用文献
文部科学省（2017a）「小学校学習指導要領」。
文部科学省（2017b）「中学校学習指導要領」。
文部科学省（2017c）「小学校学習指導要領解説特別活動編」。
文部科学省（2017d）「中学校学習指導要領解説特別活動編」。

学習の課題

(1) 小学校における学校行事への取組みのねらいの一つとして，自他のよさを認め合うことがあげられる。具体的な行事をあげ，どのような工夫をすれば自他のよさを認め合えるか考えよう。
(2) 「トライやる・ウィーク」実施の前後で，生徒の意識や態度がどのように変化することが望ましいか考えよう。
(3) 小中学校における学校行事の5つの種類とその内容，ねらいについて確認しよう。そして，具体的な行事を一つ選び，実施計画を立ててみよう。

【さらに学びたい人のための図書】
白松賢（2017）『学級経営の教科書』東洋館出版。
　　⇨集団の力で自己指導力を高め，自己決定できる子どもを育成することの大切さについて書かれている。
文部科学省国立教育政策研究所教育課程研究センター（2014）『楽しく豊かな学級・学校生活をつくる特別活動　小学校編』文溪堂。
　　⇨小学校における特別活動をどのように計画し，進めていけばよいか，実践例を交えて，わかりやすく解説してある。
文部科学省国立教育政策研究所教育課程研究センター（2016）『学級・学校文化を創る特別活動　中学校編』東京書籍。
　　⇨これからの時代に必要な資質・能力の育成を目指した学級活動，生徒会活動，学校行事の事例を紹介している。

（森原かおり，橋本奈々重）

第6章 特別活動と道徳教育ならびに総合的な学習の時間

この章で学ぶこと

2017（平成29）年3月に公示された新小学校および新中学校学習指導要領総則では，「カリキュラム・マネジメントの充実」がポイントの一つとしてあげられている。それは，学校教育において児童生徒に身に付けさせたい資質・能力（「知識及び技能」「思考力，判断力，表現力等」「学びに向かう力，人間性等」）を，教科の枠組みを超えた横断的かつ総合的な教育活動の中で育成していくための重要な視点として示している。本章では，「特別活動」の特質を踏まえながら，「総合的な学習の時間」および道徳教育（特別の教科である道徳（以下，「道徳科」）を含む）との関連について理解を深めていく。

1 カリキュラム・マネジメントの充実と教科等横断的な視点

新小学校学習指導要領総則第1章第1の4では，「カリキュラム・マネジメントの充実」が示されている。このことについて「小学校学習指導要領総則」では，以下のように〈カリキュラム・マネジメント〉を定義している。

> 各学校においては，児童や学校，地域の実態を適切に把握し，教育の目的や目標の実現に必要な教育の内容等を教科等横断的な視点で組み立てていくこと①，教育課程の実施状況を評価してその改善を図っていくこと②，教育課程の実施に必要な人的又は物的な体制を確保するとともにその改善を図っていくこと③などを通して，教育課程に基づき組織的かつ計画的に各学校の教育活動の質の向上を図っていくこと（以下「カリキュラム・マネジメント」という。）に努めるものとする。
> 　　　　　　　　　　（文部科学省，2017a，下線と数字は筆者加筆）

上記のとおり〈カリキュラム・マネジメント〉は，下線で示した①～③の側

面から捉えられている。これを踏まえ,「小学校学習指導要領解説総則編」では,〈教科等横断的な視点〉で教育内容等を組み立てていく要点について,次のように説明している。

まず,教育課程の編成は,本書第2章で学習してきた教育課程に関する法令に基づき設けられた〈学校教育目標〉の実現を目指し,以下の4点が求められている。

① 必要な教育の内容等を選択する。
② 各教科等の内容相互の関連を図りながら指導計画を作成する。
③ 児童(生徒)の生活時間を教育の内容との効果的な組み合わせで考える。
④ 年間,学期,月,週ごとの授業時数を適切に定める。

次に,中央教育審議会第一次答申「21世紀を展望した我が国の教育の在り方について」(1996(平成8)年7月19日)で提言され,1998(平成10)年に告示された学習指導要領以降,日本の学校教育では児童生徒の「生きる力」の育成が教育の目標とされている。そのために学校には,上述した①〜④に加えて以下の点にも留意しておくことが必要である。

> 「何を学ぶか」という教育の内容を選択して組織していくことと同時に,その内容を学ぶことで児童が「何ができるようになるか」という,育成を目指す資質・能力を指導のねらいとして明確に設定していくこと。
>
> (文部科学省,2017d;2017h)

さらに,新小学校学習指導要領総則第1章第2の2では,要約すると以下の点が示されている。

> 教科等横断的な視点に立った資質・能力の育成を教育課程の中で適切に位置付けていくことや,各学校において具体的な目標及び内容を定めることとなる総合的な学習の時間において教科等の枠を超えた横断的・総合的な学習が行われるようにすることなど,教科等間のつながりを意識して教育課程を編成することが重要である。

次節以降,横断的な視点で教育の内容を編成する例について,具体的な実践

事例を紹介していく。

2　特別活動と総合的な学習の時間との関連

(1) 教科外の指導効果を高めるための留意点

小学校および中学校「学習指導要領解説特別活動編」には，特別活動と総合的な学習の時間との関連を考えるに当たり留意すべき事項が記述されている。初めに本項では，特別活動および総合的な学習の時間の共通点と相違について表6-1にまとめ整理してみた。

教科外である特別活動と総合的な学習の時間では，それぞれの目標や内容を意識し，両者の特質を踏まえた指導を行うことが大切である。それを前提とした上で，特別活動と総合的な学習の時間の相互を関連させた指導を行うことにより指導の効果が高まると考えられる。とりわけ学校行事では，それぞれの学習活動の成果を十分に発揮させる指導の工夫をすることが大切である。このことについては本書第5章において具体的に述べているので参照してほしい。

他方，授業時数を確保するためにも，指導内容や方法には工夫が必要である。小中学校ともに年間標準授業時数は，特別活動が35時間（小学1年生は34時間），総合的な学習の時間は小学校3年生以上で70時間（中学1年生は50時間）である。

表6-1　特別活動と総合的な学習の時間

	特別活動	総合的な学習の時間
共通点	○各教科等で身に付けた資質・能力を総合的に活用しながら，児童生徒が自ら現実の課題の解決に取り組むことを基本原理とする。 ○体験的な学習，協働的な学習を重視する。 ○自己の生き方についての考えを深める。	
相違点	□「実践」に本質がある（話し合って決めたことを実践したり，学んだことを現実の問題の解決に生かしたりする）。 □「解決」は，実生活における，現実の問題そのものを改善することである。	□「探究」に本質がある（物事の本質を探って見極めようとしていく）。 □「解決」は，一つの疑問が解決されることにより，さらに新たな問いが生まれ，物事の本質に向けて問い続けていくものである。

出典：文部科学省，2017d；2017h をもとに筆者作成。

このように授業時数が限られているため「小学校学習指導要領解説特別活動編」には,「総合的な学習の時間の学習などとも関連を図りつつ,特別活動の特質を踏まえて指導することが大切である」ことが示されている。また,特別活動と総合的な学習との関連について以下のような説明がある。

> 総合的な学習の時間における学習活動により,特別活動の学校行事に掲げる各行事の実施と同様の成果が期待できる場合においては,<u>総合的な学習の時間における学習活動をもって相当する特別活動の学校行事に掲げる各行事の実施に替えることができる。</u>　　（文部科学省,2017a,6頁；2017e,6頁。下線は筆者加筆）

しかし,上に引用した説明は特別活動の学校行事を総合的な学習の時間として流用することを単純に認めるものではない。そのための要件について次のように述べられている。

> 総合的な学習の時間において探究的な学習が行われる中で体験活動を実施した結果,<u>学校行事として同様の成果が期待できる場合にのみ,特別活動の学校行事として捉えても良いことを示している。</u>例えば,自然体験活動やボランティア活動を探求的な学習の過程の中で行う場合において,これらの活動は集団活動の形態をとる場合が多く,<u>集団への所属感や連帯感を深め,公共の精神を養うなど,特別活動の趣旨も踏まえた活動とする</u>ことが考えられる。
>   　　（文部科学省,2017c,39頁；2017g,40頁。下線は筆者加筆）

以上のことから,特別活動と総合的な学習の時間のそれぞれの特質を意識し,適切に体験活動を位置づけるためには,一連の学習内容が探究的な学習となっていることが必要であり,総合的な学習の時間の目標や内容に関わらない時間については,特別活動の替わりに該当しないことを十分留意しておかなければならないのである。

（2）小学校における実践例

3年生の国語科には,「すがたをかえる大豆」（光村図書）という教材がある(2017年現在)。それは,大豆が加工され,いろいろな食品になっていることを

表6-2 「食べ物はかせになろう」

教科	時数	学習内容
国語	6	・「すがたをかえる大豆」を読み，食材が加工されていろいろな食品に変化することに興味をもち，調べてみたい課題を見つける。
	8	・調べたことを，相手にわかりやすいように報告する文章の書き方を，例文を参考に学習する。
総合	10	・自分の課題に沿って調べ，得られた情報を文章化したり視覚的な資料を用意したりして，報告文をつくる。 ・発表会をする。
学級活動	1	・三大栄養素の働きを知り，健康に成長するためにはバランスよく栄養を取ることが大切であることに気づき，自ら実践していこうとする。

出典：筆者作成。

説明した文章である。単元計画では，児童は説明文を読み取った後，自分で調べたい食品についての資料を集め，それをまとめて発表することを通して，聞き手の児童に効果的に伝える力をつけることをねらった学習活動となっている。その学習に総合的な学習の時間を関連させ，「食べ物はかせになろう」という単元を設定した。そこでは，国語の時間に文章を書き，総合的な学習の時間にインターネットや本から必要な情報を集め，図や写真，表など視覚的にわかりやすい資料をつくり，発表会を開くというカリキュラムを設けた。さらに，特別活動の学級活動(2)のエ「食育の観点を踏まえた学校給食と望ましい食習慣の形成」として栄養について学習し，一つの教科等に限定しない横断的な指導をすることで，児童に興味関心をもたせ，より充実した学習効果が望めると考えた。本カリキュラムの指導例を表6-2に示す。

次に，6年生の卒業に向けた取組みとして，6年間過ごした小学校に感謝の気持ちを表すため，奉仕活動を行う実践例を紹介する。

本実践は，個々の児童が取り組みたいことや伝えたいことを考え，仲間と協力しながらつくり上げていくことを通して，卒業の喜びを味わい，未来の自分を考えることをねらった活動である。また，体験を通して知識や技能を体得させ，実生活の様々な場面で活用できるようにすることで，よりよく生きる力をつけさせることもねらうことができる。

表6-3 ありがとう〇〇小学校

教科	時数	学習内容
総合	1	・6年間お世話になった小学校に，どんなことをして感謝の気持ちを表すか話し合い，計画を立てる。
学級活動	1	・6年生みんなで協力して学校のためになる活動をする意義を理解し，主体的に学ぶ態度を養う。
家庭科	2	・全校生に贈る雑巾を縫う。
総合	2	・校舎内の清掃をする。
	2	・1年生へのメッセージカードをつくり，交流会をもって，カードを贈る。

出典：筆者作成。

総合的な学習の時間に，「ありがとう小学校」と題して，お世話になった小学校にどんなお返しができるか話し合い，計画を立てる。学校の中をきれいに掃除したり，掃除用の雑巾をつくって各学年に贈ったり，一年間ペア活動をしてきた1年生へメッセージカードを贈ったりする活動が考えられる。学級活動(3)のイ「社会参画意識の醸成や働くことの意義の理解」の学習も同時にすることで，学校に役立つ活動を自ら考え行動に移していく力をつけ，社会の一員として，主体的に取り組んでいく資質を身に付けるものと思われる。また，体験したことを共有し，学級生活のどこで生かしていけるか話し合うことで，日常に生かす工夫をすることができると考えられる。実践事例を表6-3にあげる。

（3）中学校における実践例

兵庫県下の公立中学校および特別支援学校中等部では，2年生の6月頃または11月頃に，「地域に学ぶ『トライやる・ウィーク』」を実施している。兵庫県教育委員会「平成28年度地域に学ぶ『トライやる・ウィーク』のまとめ」によれば，活動の約8割は職場体験活動であり，他にボランティア・福祉体験活動，文化・芸術創作活動，農林水産体験活動その他が行われている。

1998年に「トライやる・ウィーク」が始まった背景には，阪神・淡路大震災から得た教訓や，神戸須磨事件によって問題提起された「心の教育」充実の重要性や緊急性の高まりがあった。次に「地域に学ぶ『トライやる・ウィーク』」

第 6 章　特別活動と道徳教育ならびに総合的な学習の時間

> 本事業により，生徒たちに時間的，空間的なゆとりを確保し，地域や自然の中で，生徒の主体性を尊重した様々な活動や体験を通して，豊かな感性や創造性などを自ら高めることができるよう支援するなど，「教」より「育」を中心にすえた「心の教育」を確実に推進する。また，<u>他者と協力・協働して社会に参画する態度や自ら考え主体的に行動し問題を解決する能力等を育成</u>するため，多様な社会体験活動を通じ，生徒のキャリア発達を支援することが重要である。地域に学び，<u>共に生きる心や感謝の心を育み，自律性を高める</u>など，「生きる力」の育成を図っていくことが肝要である。また，活動の充実を図るため，目的意識を明らかにする事前指導，体験で学んだことをその後の生活に生かすための事後指導の創意工夫が期待される。保護者・地域社会・関係機関等の十分な理解を得るとともに，校区推進委員会のより一層の充実を図り，新たな教育の創造へとつなげていくことが大切である。
>
> （兵庫県教育委員会，2017，3頁。下線は筆者加筆）

表 6-4　キャリア教育実践事例「自分の生き方を考えよう」

学年	教科等	学習内容
1	特別活動	・自分の個性や適性を見つける。 ・友達の良いところを見つける。
	総合的な学習の時間	・自分の夢や希望を見つけ，将来について考える。 ・学ぶこと，働くことについて考える。 ・職業調べとその発表を行う。
2	総合的な学習の時間	・「トライやる・ウィーク」の事前学習で，活動する事業所の事業内容等について知る。
	特別活動	・「トライやる・ウィーク」で，体験活動と職業インタビューを行う。
	総合的な学習の時間	・「トライやる・ウィーク」実施後の学習で，学んだことをまとめ，発表する。
3	総合的な学習の時間	・上級学校について調べる。 ・先輩の講話を聴くなどして，自分はどうありたいか，どう生きていきたいかなど，自身のキャリア発達について考えを深める。
共通	各教科等	・コミュニケーション能力や教科の知識など，将来の生活や職業に必要な技能・知識を習得する。

出典：文部科学省，2011；兵庫県教育委員会，2015をもとに筆者作成。

の趣旨を示す。

　中学校3年生での，上級学校進学等の進路決定は大きな通過点ではあるが，

そこに至るまでに，生徒たちは1年生で様々な職業について学んだり自分の良さや適性などについて知る活動を行ったりした後，2年生での「トライやる・ウィーク」での体験活動を通して，自分自身のキャリア発達を促進させている。一連の活動は職業や自己の将来に関する課題の探究であることから，総合的な学習の時間に位置づけられるものではあるが，その内容から，特別活動の学校行事の中の勤労生産・奉仕的行事として捉えることも可能であることが「中学校学習指導要領」には示されている。しかしながら，特別活動の勤労生産・奉仕的活動として行うものを総合的な学習の時間に位置づけて実施する場合には，問題解決や探究活動に位置づく学習活動でなければならない。

「トライやる・ウィーク」を含めたキャリア教育の指導例を表6-4にあげる。

3 「道徳科」を要の時間とした道徳教育との関連

新小学校および新中学校学習指導要領第1章第1の2の(2)では，「学校における道徳教育は，特別の教科である道徳（以下「道徳科」という。）を要として学校の教育活動全体を通じて行うものであり，道徳科はもとより，各教科，外国語活動，総合的な学習の時間及び特別活動のそれぞれの特質に応じて，児童の発達の段階を考慮して，適切な指導を行うこと」が示されている。すでに本書第2章で述べてきたように，教育の目標は「人格の完成を目指す」ことにあるが，「道徳教育は人格形成の根幹に関わるもの」であり，特別活動とは強い関連がある。本節では特別活動と道徳教育について述べていく。

（1）指導効果を高めるための工夫

新小学校および新中学校学習指導要領特別活動第3の1の(2)では，指導計画の作成に当たって配慮すべきことを以下のとおり示している。

> 各学校においては特別活動の全体計画や各活動及び学校行事の年間指導計画を作成すること。その際，学校の創意工夫を生かし，学級や学校，地域の実態，児童

(生徒)の発達の段階などを考慮するとともに，第2に示す内容相互及び各教科，道徳科，外国語活動，総合的な学習の時間などの指導との関連を図り，児童（生徒）による自主的，実践的な活動が助長されるようにすること。(後略)

（※中学校では（生徒），下線は筆者加筆）

上記の引用にあるとおり特別活動の指導計画では，各教科，道徳科，総合的な学習の時間などの指導との関連を図ることが求められている。たとえば，道徳科の学習の中で自覚した道徳的な心情や判断力，実践意欲が，特別活動の方法原理である「なすことによって学ぶ」ことで道徳的実践の資質・能力の育成となり，指導の効果を高め，道徳的実践力が児童生徒に身に付くのである（図6-1）。

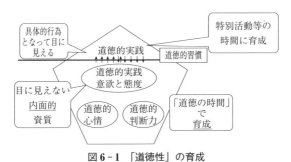

図6-1 「道徳性」の育成

出典：日本文教出版「まなびと＞学び！ と道徳」をもとに筆者作成。

特別活動と道徳科などとの関連について，小学校および中学校学習指導要領解説特別活動編では，以下のように説明している。

第1章総則の第1の2の(2)に示す道徳教育の目標に基づき，道徳科などとの関連を考慮しながら，第3章特別の教科道徳の第2に示す内容について，特別活動の特質に応じて適切な指導をすること。

また，小学校における学校行事と道徳教育との関連について，以下のような例示もみられる。

例えば，運動会や学芸会のテーマを道徳科の内容の「B 主として人との関わり

に関すること」の「感謝」と関連付けて開催し，家族や地域の方々に対する感謝の気持ちを伝える工夫を取り入れた表現運動等を披露したり，感謝を題材とする劇や歌等を発表したりすることなど。

表6-5　特別活動の特質

小学校編	中学校編
様々な集団活動に自主的，実践的に取り組み，互いのよさや可能性を発揮しながら集団や自己の生活上の課題を解決する	集団や社会の形成者としての見方・考え方を働かせ，様々な集団活動に自主的，実践的に取り組み，互いのよさや可能性を発揮しながら直面する課題を解決する

出典：文部科学省，2017d；2017h をもとに筆者作成。

　特別活動の指導では，児童生徒の道徳性の育成を目指し，道徳教育の内容との関連を考慮しながら指導計画を作成することが大切である。とくに，特別活動の特質（表6-5）を生かしながら，道徳的実践の指導の充実を図るように指導をしていくことが必要なのである。

（2）小学校における実践例

　学校教育では，児童生徒相互の人間関係を形成するために身に付けさせたい大切な力として，コミュニケーション能力の育成があげられる。本項では，学級活動と道徳科を関連させた指導の実際について述べる。

　「友達と仲良くできるようになりたい」という心情を育て，意欲づけをするのは道徳科で，実際に行動できるように練習するのは学級活動の時間で，というように区別をし，学級活動と道徳科の学習を結び付けて学習に取り組むことにより，指導の効果を高め，実践力を身に付けさせることができる。その際，学級ごとに取り組むのではなく，学校全体でカリキュラムを組んで系統性をもたせた指導にすることで，より教育効果を大きくすることが可能となる。

　たとえば，道徳科の授業の中で，友達の短所ばかりに目が向いていた主人公が，友達の長所に気づき学級のみんなに伝えたいと思うようになっていくという教材を用いて，自分や友達の長所に目を向けていこうとする実践意欲を育て

る学習を行う。その後，友達の良さを伝え合う社会的スキルを身に付ける学習を学級活動の中で行うことで，より主体的に，自己の課題として友達の良さを見つけ伝え合うことができる。同じ班の友達の良いところ，がんばっているところ，してもらって嬉しかったことなどをカードに書いてプレゼントし，もらったカードに書かれたことへの感想を記入し伝え合うといった活動は，社会的スキルを身に付けるだけでなく，学級の人間関係をよりよく改善していく学習活動となる。また，道徳科で節度ある行動をしようとする心情を育てる教材での学習と，イライラを静める方法を身に付けるアンガーマネジメントの学習を関連させることで学習効果を高める方法もある。この学習では〈ストレスマネジメント〉の技法を援用しながら，自分がどんな人になっていきたいのか考え，具体的にどのように行動すればよいか練習し，実生活の中での行動を振り返る機会を保障していくために，学習したことが定着しやすい効果がある。

　なお，作成したカリキュラムは，実施後に振り返り（実施時期や内容が適切であったかどうか等），次年度に引き継いでいくことが望ましい。そのことによって，各校の実態に合致したカリキュラムとしていくことができる。

（3）中学校における実践例

　中学校は複数の小学校区から新入生が入学し，新しい集団を形成することが多い。新学年当初には対人関係トラブルが起きやすく，このようなトラブルがいじめにつながる場合もある。生徒たちの相互理解と人間関係づくりを目指して進める活動が，道徳教育のねらいと共通している点は非常に多い。本項では中学校における実践例を紹介する。

① 道徳科の授業に体験的な学習を取り入れて道徳的価値の理解を深める

　道徳科の内容項目「(7)礼儀」をねらいとした学習場面で，グループエンカウンターやソーシャルスキル教育（Social Skill Education：SSE）などのグループアプローチを取り入れ，「上手なきき方と，そうでないきき方」を疑似体験する。この体験を通じて，生徒は相手に話をきいてもらうことの心地よさを感じたり，

礼儀の価値を感じたり，価値の理解を深めたりすることができる。ほかにも，道徳科の内容「B 主として人との関わりに関すること」や，「C 主として集団や社会との関わりに関すること」（文部科学省，2017e，139，140頁）を扱う場合には，道徳的な判断力や心情，実践意欲を養うことを目的とし，グループアプローチを取り入れることが効果的であると考えられる。

② 学級活動の時間における道徳性の育成

特別活動において育成される資質・能力は「人間関係形成（力）」「社会参画」「自己実現」（文部科学省，2017e，150，151頁）である。これは，道徳科の内容項目「⒂よりよい学校生活，集団生活の充実」と親和性が高い。学級活動の中では，次のような取組みに高い効果が期待できる。

◯コミュニケーションを取り合える関係づくりのための活動

「足し算（サイコロ）トーク」などのチャット活動を行う。話し手の心理的負担にならない話題をお互いに共有し，自己開示をし合うことで相互理解やコミュニケーションを促進する。

◯ゲーム感覚で取り組める，集団の合意形成のための話し合い活動

「無人島に持っていくとしたら？」など架空の状況下で，そのときに最も大切にされるべきものの優先順位を付けるなど，個人の意見を出し合って集団としての意思を決定する。集団の課題を解決する際に，成員の合意を形成し，一人ひとりが納得解を得るための力を伸ばすことが期待できる。

4 社会性や人間性を育む特別活動

〈カリキュラム・マネジメント〉の目的は，〈「社会に開かれた教育課程」の実現を目指すこと〉にある。このことを新小学校学習指導要領総則では，以下のように説明している。

> 教育課程を通して，これからの時代に求められる教育を実現していくためには，よりよい学校教育を通してよりよい社会を創るという理念を学校と社会とが共有

第6章 特別活動と道徳教育ならびに総合的な学習の時間

> することが求められる。そのため，それぞれの学校において，必要な学習内容をどのように学び，どのような資質・能力を身に付けられるようにするのかを教育課程において明確にしながら，社会との連携及び協働によりその実現を図っていく，「社会に開かれた教育課程」の実現が重要となることを示した。

　それでは，本章で述べてきた特別活動，総合的な学習の時間，道徳教育において〈育成を目指す資質・能力〉とは，具体的にはどのようなものであるのかについて考察しておく。

　「小学校学習指導要領解説総則編」第1章第1の3では，バランスのとれた「生きる力」を育むために，「知識及び技能」の習得，「思考力，判断力，表現力等」の育成，「学びに向かう力，人間性等」の涵養という資質・能力の3つの柱を示している。この中で〈学びに向かう力，人間性等を涵養すること〉の重要性について以下のように説明している。

> （前略）児童一人一人がよりよい社会や幸福な人生を切り拓いていくためには，主体的に学習に取り組む態度も含めた学びに向かう力や，自己の感情や行動を統制する力，よりよい生活や人間関係を自主的に形成する態度等が必要となる。これらは，自分の思考や行動を客観的に把握し認識する，いわゆる「メタ認知」に関わる力を含むものである。（中略）感性，優しさや思いやりなどの人間性等に関するものも幅広く含まれる。　　　　　　　　　　　　　（下線は筆者加筆）

　上記のように，〈認知的能力〉と同等以上に「メタ認知」，言い換えるならば社会性や人間性に関する資質・能力の育成が強く求められている。しかしながら，それらは教科書だけで教え，育むことは，きわめて困難な資質・能力である。基本的な社会性や人間性などは，体験活動を通し，直接に人と関わる活動の中で，社会情動的な能力が育まれていくと考えられている。これは「人間性の教育」といってもよく，特別活動，総合的な学習の時間，道徳教育などとの教科等横断的な視点による〈カリキュラム・マネジメント〉を充実させることで，一人ひとりの児童生徒の確かな資質・能力の養成が図られるのである。その意味において，各学校の実態に応じた「社会に開かれた教育課程」の実現を目指すことが不可欠となっており，社会性や人間性を育む特別活動は教科外教

育として重要な役割を担っているのである。

引用文献

日本文教出版「まなびと＞学び！　と道徳」(https://www.nichibun-g.co.jp/column/manabito/doutoku/doutoku007/　2017年11月3日アクセス)。
兵庫県教育委員会（2015）「キャリア教育の推進」。
兵庫県教育委員会（2017）「平成29年度地域に学ぶ『トライやる・ウィーク』指導の手引」。
文部科学省（2011）「中学校キャリア教育の手引き」。
文部科学省（2017a）「小学校学習指導要領」。
文部科学省（2017b）「小学校学習指導要領解説特別の教科道徳編」。
文部科学省（2017c）「小学校学習指導要領解説総合的な学習の時間編」。
文部科学省（2017d）「小学校学習指導要領解説特別活動編」。
文部科学省（2017e）「中学校学習指導要領」。
文部科学省（2017f）「中学校学習指導要領解説特別の教科道徳編」。
文部科学省（2017g）「中学校学習指導要領解説総合的な学習の時間編」。
文部科学省（2017h）「中学校学習指導要領解説特別活動編」。

学習の課題

(1) カリキュラム・マネジメントの概念と「社会に開かれた教育課程」の意義について整理しておこう。
(2) 特別活動と他の教科等とを関連させて学習に取り組むことの，良さと留意点をあげてみよう。
(3) 児童生徒の相互理解を促進し，合意形成を図る話合い活動を取り入れた学級活動の授業計画を考えよう。

【さらに学びたい人のための図書】

国分康孝監修，清水井一編（2006）『社会性を育てるスキル教育35時間』（小学校1年生〜中学校3年生版，全9冊）図書文化。
　⇨発達段階に応じた，児童生徒の心を育て社会性を身に付けるための授業が，各学年別のカリキュラムとして紹介されている。
河村茂雄編（2008）『いま子供たちに育てたい　学級ソーシャルスキル』（小学校低・中・高学年，中学校）図書文化。
　⇨適切な時期での子どもの心理社会的発達の重要性を説き，学校教育でどう支援するかについて具体的に述べている。

河合隼雄（1992）『子どもと学校』岩波書店。
　⇨心理臨床家からみた学校教育における「育」の大切さと，子どもの育ちをあらためて捉え直す視点を提供してくれる。

（中村　豊，橋本奈々重，森原かおり）

第7章 生徒指導のガイダンス機能を生かした学級活動

この章で学ぶこと

　新小学校および新中学校学習指導要領では,「総則」および「特別活動」にガイダンスの文言が明示されている。本章では,まずガイダンスについて理解する。次に,児童生徒の学級・学校生活への適応や人間関係の育成,キャリア形成におけるガイダンスの機能を踏まえた実践事例として「グループエンカウンター」「ソーシャルスキル教育」「アサーション・トレーニング」を紹介する。次に,「子どもたちの安心・安全な学級づくり」のあり方について考察し,話合いで合意形成を図る体験の大切さならびに教師の指導に対する姿勢について考えを深めていく。

1　自己理解・他者理解を深めるための取組みの必要性

(1) 特別活動とガイダンス

　『生徒指導提要』(2010) では,生徒指導・教育相談は,すべての児童生徒を対象とすることならびに児童生徒の人間関係づくりの大切さが示されている。また,新小学校学習指導要領・新中学校学習指導要領には,それぞれガイダンスに関する記述がある。「総則」には教育活動全体を通じ,ガイダンスの機能の充実を図ること,「特別活動」には集団の場面で必要な指導や援助を行うガイダンスと,個別対応としてのカウンセリングについて述べられている。

　ガイダンス機能は,「総則」以外では「特別活動」だけに明示されていることから,特別活動を中心領域として学校教育活動全体を通して実践していくことになると考えられる。また,ガイダンスのねらいおよび機能について,高橋(1999) は次の4点にまとめている。

① 学級・学校生活への適応能力の育成

② 現在および将来において人間としてのあり方生き方を考え行動する能力や態度の育成
③ 人間関係の形成と能力の育成
④ 選択教科や進路の選択など，選択・決定に関わる能力や態度の育成

　ガイダンス機能の充実については，2002年の学習指導要領に明示されてから注目されるようになった。しかしながらガイダンスは，戦後まもなく連合軍総司令部の民間情報教育局により新制中学校・高等学校に導入されて以来，生徒指導や教育相談，進路指導などの方法として理解されていた。その後、生徒指導は非行などの問題行動に対する事後対応的な課題解決の側面で理解されるようになった。平成以降は生徒指導の積極的な側面である発達促進・開発的な機能が見直され、上述した4能力の育成があらためて示されるようになったと考えられる。

　ところで，日本の教育課題の一つに児童生徒の対人関係能力の低下をあげることができる。その背景には，自他を認め合う経験の不足がある。そのために児童生徒は，相互に傷つけ合う言葉を発したり自他を否定的に捉えたりするなど人間関係スキルの稚拙さがみられる。このような児童生徒が他者に寛容な態度を取れるようになるためには，望ましい集団活動を通してよりよい人間関係をつくり，自主的，実践的な態度を育てる特別活動が，重要な役割を担っている。この特別活動には教科書がなく，〈なすことによって学ぶ〉ことを方法原理とし，児童生徒主体の活動を基本としている。

　しかし，教師の指導性を発揮し，ガイダンス機能を生かしたグループアプローチは，学校の「生活の基盤部分を育てる活動を特別活動に持ち込む」役割として不可欠な指導である。とくに，集団活動で必要となる人間関係スキルが乏しく，集団活動の良さを味わう以前に学校不適応状態になる児童生徒のためにも発達促進・開発的なグループアプローチは特別活動のねらいと合致する活動であるといえよう。次項では、ガイダンス機能を生かしたグループアプローチの実践例をあげていく。

（2）ガイダンスの機能を生かしたグループアプローチ

　まず，最初に紹介する実践事例は，小学校4年生の荒れの兆候が出始めている学級で「いいとこさがし」と「上手な聴き方」の授業を行ったものである。

○「いいとこさがし」

　本学級の児童は，言葉遣いが乱暴で，お互いを言葉で傷つけ合っていた。そこで学級担任と話し合い，「いいとこさがし」の授業を行うに至った（國分監修，岡田編，1996より抜粋）。

　授業では，自己否定的な児童に対して，児童相互の良さを認め合う体験を通して「友達の良さをみつけて褒めてあげる，友達がみつけた自分の良さを知り，受け入れられることの喜びを味わう」ことを目標に授業を実施した。

　授業の流れを以下に示す。

① 4人グループになりカードに自分の名前を書いて他のグループと交換する。

② 友達の良いところをグループで協力して探し，交換したカードに書き，自分たちが書いた4人分のカードを他グループと交換し，友達の良いところを探してつけたす。

③ カードを部屋の周りに並べた机にはり，自分のカードを探して読む。

④ 部屋を1周しながら友達のカードを読み，同感だと思った所にシールをはる。

⑤ 全員で感じたことについて話し合う。

　授業はあいさつで始まったが，3人の児童は立たずにそっぽを向いていた。全員が書き終わり，③の活動に移った頃から，嫌がっていた児童の表情が緩み始めた。自分では気づかなかった良さを友達が書き込んでいたことに気づいたのである。④～⑤の活動は順調に運び，「自分の良いところをみつけてもらって嬉しかった」「気づかなかった良さを書いてもらって嬉しかった」などの感想が述べられた。「よい雰囲気で授業が楽しかった」という書き込みも見られた。最後に，担任から「あいさつをして終わりましょう」という声がけには，全員が起立し「ありがとうございました」という言葉で終わることができた。

◯「上手な聴き方」

　本学級は，授業規律が乱れて他者の話をしっかりと聴かない，思ったことを勝手に喋る児童が多いために「人の話に注意深く耳を傾けることの大切さに気づき，意欲をもって聴くスキルを身に付ける」というねらいの授業を実施した（國分監修，小林・相川編，1999より抜粋）。

　授業の流れについて以下に示す。

① 人の話を聴くことの大切さについて話し合う。
② 話を聴かない様子と良い話の聴き方のモデルを見せる。
③ 良い話の聴き方について考える。
④ 良い話の聴き方について実際に練習する。
⑤ グループで練習した感想について話し合う。

　授業における④の活動の中では，モデルを参考にしながら児童相互が工夫する姿を見ることができた。また，教師が優れた練習を称賛し，他グループに披露することで児童の意欲を高めていた。このような授業の教育的意義は，良いモデルを見せ，実際に体験させ，その活動を褒めることで，児童が実感を伴った気づきを得ることにある。

（3）朝の会，帰りの会の工夫

　前項ではグループアプローチによる授業を紹介したが，プログラムを導入するだけではなく，学んだことを繰り返し点検していく必要がある。

　そこで，毎日，学級で行われている朝の会と帰りの会について考えてみたい。朝の会・帰りの会では，話す・聴くなどの対話力，自主性・自発性などを身に付けることが期待できる。しかしながら現状は，連絡事項の伝達に終始している学級も多い。また，朝の会は朝学習や読書活動など様々な活動を取り入れているために十分な時間が取れない学校もある。帰りの会は「学級や学校の生活の充実と向上」というねらいに基づき，毎日実施している学校が多い。代表的なプログラム例を図7-1に示した。

　まず，教師は児童たちに活動時間を周知しておくことが大切である。決めた

```
朝の会                    帰りの会
1  はじめの言葉           1  はじめの言葉
2  健康観察               2  一日の反省
3  今日の予定             3  明日の予定
4  連絡～係・委員会等から～  4  連絡～係・委員会等から～
5  今日の目標             5  先生のお話
6  先生のお話             6  おわりの言葉
7  おわりの言葉
```

図7-1　朝の会・帰りの会の次第例
出典：埼玉県教育局東部事務所，2016より。

時間はしっかりと守り変更はしない。このことを徹底しておけば，児童の活動に対する心構えができてくる。

　次に，学習内容であるが，帰りの会における「一日の反省」の充実を図りたい。新学習指導要領の特別活動第2の学級活動2の(2)のイでは，「よりよい人間関係の形成　学級や学校の生活において互いのよさを見付け，違いを尊重し合い，仲よくしたり信頼し合ったりして生活すること」があげられている。これを踏まえ，帰りの会では，互いの良さをみつけたり，互いの違いを尊重し合ったりできるような人間関係を育てる活動を取り入れていきたい。児童が〈今日一日を振り返る〉ときには，できるだけ「いいとこさがし」など自他理解を深める活動を行いたい。また，「上手な聴き方」等，曜日ごとに活動内容を変えるなどの工夫があるとよい。

　ところで，佐々木（2014）は「人は自分一人では自分のことを理解することができず，他者の中に自己をおいて初めて，自己の良さと弱点を知る」と指摘している。児童の自尊心は，本章で紹介したグループアプローチのような活動を通し，児童相互の肯定的なフィードバックによって育つものである。つまり，教師の言語的教示だけでなく，児童のよりよい人間関係の中でこそ育まれていくのである。それゆえ，教師は朝の会や帰りの会などの活用が求められる。

2　問題行動等を未然に防止するための取組み

（1）アサーション・トレーニングで学級を安心・安全な場に

　特別活動の学級活動の目標は，本節で紹介するアサーション・トレーニングの理念である「自他を尊重した自己表現を目指そう」と重なる点が多い。以下に，問題行動等を予防するための取組みについてアサーション・トレーニングを手がかりに考えていく。

○年度当初の学級づくりについて

　学級が子どもたちにとって「安心」「安全」な場であるためには，まず学級での〈きまり〉をどう捉えるかが重要なポイントである。年度当初に「静かに・黙って聞く」などの〈きまり〉の指導を中心にしてしまうと「人間関係づくり」が進まなくなってしまう。まずは人間関係を深めるためのゲームをしたり，話し合ったりする中で「親しさ」の感覚を育んでいくことが大切である。また，〈きまり〉を実施するときには，子どもたちと「合意」できていることが必要である。学級づくりでは，〈きまり〉や〈規律〉づくりから始めるのではなく，生徒相互の人間関係づくりから始めていくのがよい。

　そこで，年度当初には自己紹介につづき，生徒相互が親しくなるためのグループアプローチを提案したい。その理由は，よりよい人間関係を基盤とした学級雰囲気の醸成は，いじめの予防にもなり，〈安心・安全〉な学級の基礎づくりとなるからである。次に，望ましい人間関係づくりの具体的な支援としてアサーション・トレーニングについて説明する。

（2）アサーション・トレーニングの意義

　アサーション・トレーニングは，単に自己表現トレーニングとしてあるものではなく「多様性の尊重とその理解」が重要な柱となっており，「自分も相手も尊重した自己表現を目指そう」というねらいをもっている。つまり，自分とは考え方や意見の違う者を排除するのではなく，個性を認め，お互いに尊重し

て受け入れることも重視しているのである。アサーションとは，自分の意見を主張し自分の意見を通すことではない。自他尊重が重要な柱であり，ここに真価があることを確認しておきたい。

また，アサーション・トレーニングは，個性や考え方の異なる学級の一人ひとりが「受け止められている」「認められている」という実感を味わう有効な方法を提供する。そのことが，学級成員の自己有用感や自尊感情を育むことに寄与すると考えられる。言い換えるならば，学級づくりでは一人ひとりがお互いに尊重され，認められている集団を目指すことにより「自分は学級の一員だ」と実感し，心理的にも〈安心・安全〉な環境を保障することになる。ここに集団づくりにおける教育的な意義があるといえよう。

（3）葛藤と向き合える資質・能力を育てる

学級は，お互いの〈ちがい〉を尊重し，理解し合い，よりよい人間関係を学んでいく場である。学級集団では，異なる個性をもった者同士が学校生活を送るので，そこでは葛藤が生じ，ぶつかり合いがおこることは当然なことである。そして，様々な葛藤は人を成長させる契機となることもある。

しかしながら学級内には，葛藤を避けるために自分の思いを出さず，相手の言いなりになりがちな〈受身的な生徒〉や，逆に自分の意見を強引に押し通し，相手に譲らせて（受身的にさせて）自己主張をする生徒がいる。

アサーション・トレーニングでは，葛藤が生じたときにそれをどう解決したり，つきあったりしていくのかを考え，葛藤が生じた相手と話し合う方法を具体的に提供する。たとえば，いつも人の言いなりになっていた受身的な生徒がアサーションを知ると，人に何かを頼まれた場合に「ノー」と言うことが増えていく。相手側からすると，いままでのように，自分の思い通りに物事を進めていくことが難しくなり，以前より〈つきあいにくくなった〉と感じる場合がある。また，穏やかな人間関係の中にいた生徒が「ノー」と言うことで，友人と対立する場面も生じてくることがある。

他方，攻撃的であった生徒がアサーションを知り，自分で意識的にアサー

ティブな表現を心がけるようになると，これまでとは違い，自分の意見が通りにくくなることもあり，困惑するかもしれない。このように生徒たちがアサーションを心がけるようになると，かつて経験しなかった葛藤が生じる場合がある。しかしながら，そのことを通して葛藤と向き合う機会が増え，生徒の成長には意味ある経験となる。

特別活動の集団活動において葛藤が生じることは自然なことであり，生徒の成長のために葛藤は必要だと考えられるが，お互いを傷つけ合うほど言いたいことを言えばいいというものではない。教師は適切な支援を行っていくことが必要である。たとえば，生徒たち同士の意見の対立がどこにあるのか，その対立の背景にはどんなことがあるのかなど，生徒の言い分をしっかりと聴くことが重要である。また，双方の一致点や妥協点を探り，折り合いをつけていくことが必要である。

ところで，安心・安全な学級とは「人権が尊重される環境」である。それはどのような学級であるかを以下にあげてみる。

- 自由に意見や思いを出し合っても〈仲間はずれ〉や〈のけもの〉にされたり，〈攻撃されたりしない〉学級
- 葛藤やぶつかり合いを恐れず，自分の意見や思いを述べることができる学級
- 虚勢を張らなくても，ありのままの自分のままでいられる学級
- たとえ間違った意見や考えを言っても温かい雰囲気があり，自分で納得して意見や考えを変える雰囲気がある学級

以上を踏まえ，次にアサーションを生かした安心・安全な学級づくりの方法について考えていきたい。

1つは「できていないところを指摘し，アドバイスを行う方法」である。この方法はアドバイスを指摘される側にそれを受け入れられる向上心があればどんどん取り入れて改善し，成果をあげることができる。2つ目は「良いところを認めて誉める，あるいは生徒のことを認める」というやり方である。人は何歳になっても他者から誉められると嬉しい。また，他者から認められていると

実感できていると，失敗しても元気づけられるものである。家庭事情や友人関係で傷つき，自信をなくしている生徒たちを勇気づけ，元気づけ，自尊心を高めて意欲を回復させる方法は「認めて誉めること」にある。

(4) アサーションを生かした話合い活動のポイントと教師の姿勢

学級の何かを決める場合に多数決やじゃんけんでは，時間をかけずに決定できるが不満が残ることがある。より良い集団決定とは自分と他者の〈ちがい〉を理解し，一致点や妥協点を探りながら合意形成を図っていくことにある。このことが安心・安全な学級づくりには必要であり，教師はアサーションの良きモデルとなることが求められる。具体例を以下に示そう。

中学校1年生のAさんが「引きこもりの人やニートは性格が悪いみたい」と言うと，周りの生徒たちにどっと笑いがおこった。そのとき，教師は怒ることなく，いじめにあって引きこもりになった生徒や，学校へ行きたくてもいけないで悩んでいる生徒の話をした。すると，その場がシーンとなり真剣に聴いていた。Aさんは「先生，わたしは勘違いをしていたみたいです」とみんなの前で自分の考え違いを訂正した。教師は「Aさん，勇気あるね，よく言ったよ。先生，Aさんは自分の間違いを素直に認められるとても勇気のある人間だと思うよ」とその場で応えた。Aさんに恥をかかせることなく，誤った考え方を正し，そして，間違った意見を言っても「安心なんだ」と感じられる応答であった。このように教師がどれだけ生徒たちの人格を尊重し，〈誉め名人〉であろうとしているかは大切な姿勢である。

3 人間関係づくりに役立つアサーション・トレーニング

(1) アサーティブな話し方

アサーティブ（アサーション）な話し方の具体的なスキルが「DESC（デスク）」と呼ばれるものである。たとえば，「掃除場所に来なかった生徒に級友が注意したいが，相手との関係が壊れないように話すには，どのように伝えれば

いいのだろうか」「部活の練習にあまり参加しない下級生に対して、どのように話して参加を促せばいいのだろうか」などの場面において参考になる話し方である。以下は、どちらも掃除場所に来なかった級友に対して述べた文章である。〈良い例〉と〈だめな例〉を比べると、どちらの言い方が相手を尊重しているかがわかる。〈良い例〉が DESC を用いた話し方である。

場面
　今日の清掃時間に、Aは掃除に来ませんでした。他のメンバーたちは、Aの分担も掃除をしました。そこでAに注意をしようということになりました。以下、BとCの２つの注意の仕方を比べてみてください。

だめな例（相手B）
B：「Aのボケ‼　掃除さぼったな‼　明日の掃除はおまえ一人でやれよ‼　ボケッ‼」
A：「うるさい‼　さぼったんじゃない‼　おまえの言い方はムカツクんや」
B：「なんだと～」
A：「おぉ‼　やるんか‼」
つかみ合いのケンカになってしまうかも…

良い例（相手C）
C：「なぁ、A、今日の掃除場所に来なかったよなぁ」
A：「あぁ、そうやったなぁ」
C：「Aがおらんと時間かかったし、一緒に掃除したかったわ」
C：「明日は掃除、一緒にやって早くすまさないか？」
A：「ごめんなぁ、先生に呼ばれていていけなかったんや。明日は必ずいくわ」
C：「ありがとう！　一緒にがんばろうな！」

（2）DESC について

　DESC は、相手との一致点や妥協点を見出していこうとするアサーションの話し方である。まず、ステップ１では、状況を客観的に描写し、相手との対話の内容について共通理解する「Ｄ」（描写する（describe））から始める。そこではトラブルを避け、解決するための話合いの場合、話をする者同士が、「いまどのような状況に置かれているのか」ということを確認し、共通理解を探る

作業である。Dで表現することは、単に「見たこと」だけではなく、相手との共通了解を得るための作業として、「客観的な事実をつかむこと」が大切である。先の事例のように「君は掃除場所に来なかったね」と伝えてみて、相手との共通了解を得る作業をする。ここでは「掃除をさぼっている人が悪い」「みんなの迷惑だ」などといった「個人的な思い」は言わないことがポイントである。〈良い例〉では、掃除の場所にいなかったのは客観的な事実なので、相手も認めやすく、お互いに共通認識がもてる可能性が高いものである。他方の〈だめな例〉では「おまえ、今日掃除をさぼったな！」＝「さぼった」という言い方はまだ事実を確かめていないので、主観的な表現で客観的でない。たとえば、相手はわざとではなく、忘れていただけ（知っていたら掃除をした）かもしれない。また、先生に呼ばれたり、何か他の仕事があったりしたのかもしれないという可能性もある。

次にステップ2では、自分の気持ちを言葉にする。「E」（表現する、説明する、共感する（express, explain, empathize））では、様々な場面が想定される。上述したDでは、取り上げた状況や行動に対して自分の気持ちを表現する、自分の状況を説明する、相手の気持ちに共感するということである。

たとえば、「君は今日、掃除に来なかったね」と共通理解できそうな事実を探り、相手が「ああ、本当だ」と応えたとする。続いて「だから、僕一人で掃除したから、時間かかって大変だった」などこの場合は状況を述べることで掃除の大変さを伝えることもできる。そのとき自分はどう思い、何を感じてどんな意見をもったかを考え、それを言葉にしてみる。「困っている」「弱ったなぁ」「いやだなぁ」「腹が立つ」など自分の感情や思いを把握し、これからどうしたいのかを言語化する。問題を解決するために話し合っているので、率直な気持ちを表現してもよいが、評価的な表現は避けた方が相手には受け入れられやすくなる。「何とか問題を解決したい」という姿勢を明確にすることが大切である。

ステップ3では、具体的な提案をいくつかしてみる。「S」（特定の提案をする（specify））のポイントは、①提案しても、それに賛成してくれるとは限らな

いのだという心の準備をしておこう。②1つだけの提案でなく，相手が選択しやすいように，できれば3つか4つくらいの提案を用意して臨もう。③どのような順番で提案するかは，あなたしだいである。たとえば，「明日の掃除の時間は，必ず掃除場所に来てね」「今日の分，明日は，君がやってくれない？」などが考えられる。このようにDで「状況を述べて」から，Eは「自分の気持ちや状況を述べて」説明し，次にSで「相手にしてほしい行動，妥協案，解決策などを提案する」ということになる。

　ステップ3は問題を解決していくための提案づくりである。問題が起きたときの状況（D），自分の気持ち（E）を踏まえて，最終的にどうしたいのか，どうあってほしいのかという考えをまとめて，提案という形にする。ポイントは，自分の主観的な気持ちを一方的に主張するのではなく，問題が起きたときの状況（D）を踏まえ，相手の気持ちにも配慮しながら妥協点をみつけていくことである。たとえば，「腹が立つから，掃除をさぼるのはやめて」ではなく，相手も尊重した提案をすることが大切である。自分の気持ちは全部出してもいいし，とくに言いたいことだけに絞り込んでもいいが，気持ちだけでは説明にはならない。状況（D）の確認，気持ち（E）のアピール，具体的な提案（S）の3つがセットになっていることが重要である。

　ステップ4では，自分の提案に対して，相手が賛成してくれたとき，反対されたときの両方への対応を考える。「C」（選択する（choose））では，肯定的結果，否定的結果の予測を選択する。何かの提案をすれば，常に「Yes」という答えと，「No」という答えの両方があるので，相手が「Yes」と受けてくれたらこう言おう（肯定的結果の予測）と，相手が「No」という否定された結果が生じたときには「今度はどのように提案を変えてみようか」「否定されると，とても困るという気持ちを強調しようか」ということを心の中で準備しておき相手の対応に合わせて選択する。

（3）アサーション・トレーニングの実践

　アサーション・トレーニングを「さわやかな自己表現」と訳すことがある。

> D describe：描写する→事実
> E express：表現する　explain：説明する　empathize：共感する→気持ちや状況
> S specify：特定の提案をする→提案
> C choose：選択する→選択
>
> ① 課題文について，個人で DESC をつくる（10分）。
> ② グループ編成（1グループは 4～5 人編成）。
> ③ グループで1つ DESC をつくる（模造紙に写す時間も含めて30～40分）。
> ④ 完成したグループは壁などに掲示する。
> ⑤ グループごとに DESC を発表する（発表は読み上げても，ロールプレイで演じてもよい 20～30分）。
>
> ＊グループの発表が終わるごとに，先生が DESC の形になっているかどうかなどを確認する。確認のポイントは，以下のとおり。
> ・D（事実）とE（気持ち）が分けてあるか。
> ・E（気持ち）が評価的になっていないか。
> ・E（気持ち）とS（提案）が分けてあるか。
> ・C（選択）は，相手が YES の場合と NO の両方の場合について考えているか。
> ・E（気持ち）やS（提案）やC（選択）が攻撃的な表現になっていないか。
> ⑥ 振り返り用紙に今日の授業の感想を書く（5分）。

図7-2　授業における〈DESC づくり〉の手順とポイント

出典：黒木，2010，19頁を一部改変。

この「さわやか」の意味は，上述したように相手の多様な応答をあらかじめ心の中で準備している状態のことである。これを踏まえ，〈DESC づくり〉の手順（図7-2）と評価基準を示す。

評価規準は，①D（事実）とE（気持ち）が分けてあるか，②E（気持ち）が攻撃的な表現や評価的になっていないか，③E（気持ち）とS（提案）が分けてあるか，④C（選択）は Yes の場合と No の両方の場合について考えているか，の4点である。

（4）DESC のまとめ

Dは，なるべく客観的な表現がよいが，そのことにあまりこだわると，何も言えなくなる。お互いの共通認識がもてるように，表現方法を変えたりしながら出していくことによって，お互いの共通理解をつくりあげる作業となっていく。

Eは、明確で具体的に自分の気持ちを出していく方が相手に伝わりやすく、提案は受け入れやすくなる。評価的な表現（「よくない」「だめだ」）は避けた方が相手にとっては受け入れやすくなる。

　Sは、具体的なことを示した方が、相手もYes, Noが言いやすくなるので相手に対して親切な表現となる。提案は具体的な方が結果として相手を思いやった表現になる。

　Cの選択後、再提案をしてもよいし、Eを言ってもOKである。

　DESCは慣れないと難しいようであるが、意識して練習していくことにより身に付いていく。〈アサーションとはDESCができること〉である。

　以上、自分も相手も大切にした自己表現を目指すアサーション・トレーニングは、円滑な人間関係づくりに有効であり、単なるスキルトレーニングにとどまらない。一人ひとりの生徒が自分らしく生きていくために優れた理念と方法を提供してくれるものである。

引用文献

黒木幸敏（2010）「子どもが自分たちでトラブルを解決する方法」『月刊学校教育相談』12月号、ほんの森出版、19頁。
國分康孝監修、岡田弘編集（1996）『エンカウンターで学級が変わる――グループ体験を生かした楽しい学級づくり　小学校編』図書文化社。
國分康孝監修、小林正幸・相川充編集（1999）『ソーシャルスキル教育で子どもが変わる　小学校』図書文化社。
埼玉県教育局東部事務所（2016）「若い先生のための学級経営講座月別編7月」。
佐々木正昭（2014）『入門特別活動』学事出版。
高橋哲夫（1999）「いま、なぜ『ガイダンスの機能の充実』なのか？」『教育研究所紀要』第8号、文教大学付属教育研究所。
文部科学省（2010）『生徒指導提要』教育図書。
文部科学省（2017）「小学校学習指導要領」。

> **学習の課題**
> (1) アサーション・トレーニングで示される3つの自己表現を調べ，それを児童生徒にどのように伝えるのかを考えてみよう。
> (2) ガイダンスの機能を生かしたグループアプローチには，どんなものがあるのかを調べ，その効果について考えてみよう。
> (3) ガイダンス機能を生かした活動を積み重ねることで，児童生徒にはどのような資質・能力を育てることができるのか，考えてみよう。

【さらに学びたい人のための図書】

平木典子（2009）『アサーション・トレーニング』金子書房。
　⇨アサーション・トレーニングを学ぶ人のための基本書で，アサーション内容から，実践までを網羅している。

國分康孝監修，小林正幸・相川充編集（1999）『ソーシャルスキル教育で子どもが変わる　小学校』図書文化社。
　⇨学級における人間関係能力の低下に対して，子ども同士の関わり方について，対人関係スキルを身に付けさせる方法を学ぶことができる。

中村豊（2015）『子どもの社会性を育む積極的生徒指導』学事出版。
　⇨生徒指導の実践の場として特別活動の実践を紹介し，積極的生徒指導の実践の場である特別活動のガイダンス機能について論じられている。

　　　　　　　　　　　　　　　　（中村　豊，根津隆男，黒木幸敏）

第8章 小学校における指導の実際

この章で学ぶこと

　小学校の特別活動は，「学級活動」「児童会活動」「クラブ活動」「学校行事」の内容からなっている。本章では，はじめに特別活動全般に関わる年間指導計画について述べる。次に，小学校では児童の主な生活の場は「学級」であることから，本章では「学級活動」の内容に焦点を絞り，低学年（第1，第2学年），中学年（第3，第4学年），高学年（第5，第6学年）ごとの年間活動例を示した。また，学級目標づくりと学級の組織づくりについて，具体例を示しながら，指導のあり方について検討する。

1　特別活動年間指導計画の作成

（1）特別活動の年間指導計画とは？

　特別活動の各内容は，それぞれ固有の目標や教育的意義をもっている。特別活動の全体の目標を実現するためには，4つの内容について相互の関連を図ることが必要である。そのため，各校では，年度当初に特別活動主任が中心となって，図8-1のような「特別活動年間計画」を作成する。

　この計画をもとに，「学級活動」は担任が，「児童会活動」「クラブ活動」「学校行事」はそれぞれの担当者が，各内容についてより具体的な年間指導計画を作成し，教職員全体の共通理解のもとに組織的に協力体制を組む。

　特別活動の年間指導計画作成にあたっては，次の6点（文部科学省，2017）に留意する。

① 地域や学校，児童の実態等を踏まえ，学校の創意工夫を生かし校内体制の確立と必要な時間が確保できるよう，全教職員が協力していく。

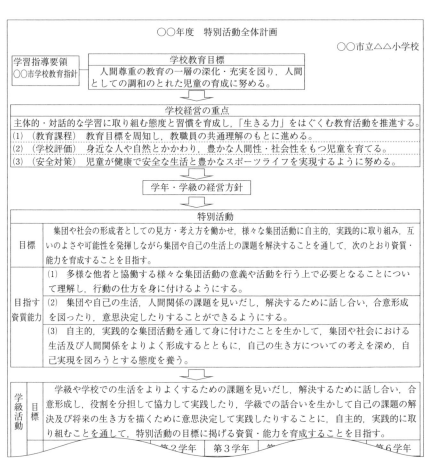

図8-1 特別活動全体計画例

出典：筆者作成。

② 学級や学校の実態や児童の発達の段階などを考慮する。とくに自発的，自治的な活動については，児童のこれまでの実践的な活動経験（学級や学校の諸問題を自分たちで解決するために合意形成を図ったり，意思決定したりする力）による差も考慮し，年間指導計画に反映させる。

③ 特別活動として重視すべき重点目標を定め，各教科，特別の教科道徳，外国語活動および総合的な学習の時間などで育成された資質・能力が特別

活動で十分に活用できるようにするとともに，特別活動で培われた資質・能力が，教科等の学習に生かされるように相互に関連させて展開するよう配慮する。

④ 特別活動の各活動・学校行事の内容の特質に即し，「なすことによって学ぶ」という指導原理を十分に生かして，児童が自分たちで考え自分たちで判断し，自分たちで生活上の諸問題などを解決することができるように，学校全体で組織的に指導に当たる。

⑤ 「カリキュラム・マネジメント」の視点から，特別活動の各種の活動の機会を捉え，地域や学校の実態に即して社会教育施設を積極的に活用する。その際，育てる資質・能力やねらいを施設側と十分に共有しながら，体験を通して学ぶことを重視し多様な人々へと交流を広げるようにするとともに，誰とでも温かい人間的な触れ合いができるようにすることなどに配慮して指導計画を作成する。

⑥ 特別活動の授業時数：特別活動に充てる授業時数は，学校教育法施行規則別表第1に，第1学年が34時間，第2学年から第6学年は35時間と示され，その備考には，「特別活動の授業時数は，小学校学習指導要領で定める学級活動（学校給食に係るものを除く。）に充てるものとする」とされている。学級活動以外の，児童会活動，クラブ活動，学校行事は，その目標やねらいが十分に達成できるようによく検討した上で，年間，学期ごと，月ごとなどに適切な授業時数を充てるなどして，全体計画を作成する。

（2）学級活動年間指導計画

　学級活動は，児童にとって学校生活の基盤である学級集団において行う活動である。「生徒指導提要」（文部科学省，2010（平成22）年3月）には，学級活動は「生徒指導のための中核的な時間」と位置づけられ，学級経営を充実させるためにも重要な位置を占めている。

　2017（平成29）年3月に公示された学習指導要領第6章特別活動（文部科学省，平成29年3月，以下，新学習指導要領とする）には，学級活動の目標は次のように

示されている。

> 　学級や学校での生活をよりよくするための課題を見いだし，解決するために話し合い，合意形成し，役割を分担して協力して実践したり，学級での話合いを生かして自己の課題の解決及び将来の生き方を描くために意思決定して実践したりすることに，自主的，実践的に取り組むことを通して，第1の目標（特別活動の目標）に掲げる資質・能力を育成することを目指す。
> (1) 多様な他者と協働する様々な集団活動の意義や活動を行う上で必要となることについて理解し，行動の仕方を身に付けるようにする。
> (2) 集団や自己の生活，人間関係の課題を見いだし，解決するために話し合い，合意形成を図ったり，意思決定したりすることができるようにする。
> (3) 自主的，実践的な集団活動を通して身に付けたことを生かして，集団や社会における生活及び人間関係をよりよく形成するとともに，自己の生き方についての考えを深め，自己実現を図ろうとする態度を養う。

　上に示した学級活動の目標を達成するために，すべての学年において，学級担任が中心となって学級活動の指導計画を立てることが必要となる。学級活動の内容は，学習指導要領に次の(1)～(3)の10項目が示されている。

> (1) 学級や学校における生活づくりへの参画
> 　ア　学級や学校における生活上の諸問題の解決
> 　イ　学級内の組織づくりや役割の自覚
> 　ウ　学校における多様な集団の生活の向上
> (2) 日常の生活や学習への適応と自己の成長及び健康安全
> 　ア　基本的な生活習慣の形成
> 　イ　よりよい人間関係の形成
> 　ウ　心身ともに健康で安全な生活態度の形成
> 　エ　食育の観点を踏まえた学校給食と望ましい食習慣の形成
> (3) 一人一人のキャリア形成と自己実現
> 　ア　現在や将来に希望や目標をもって生きる意欲や態度の形成
> 　イ　社会参画意識の醸成や働くことの意義の理解
> 　ウ　主体的な学習態度の形成と学校図書館等の活用

　各学年で取り上げる指導内容が学年の発達段階に即した指導となるために，

第 8 章　小学校における指導の実際

表 8-1　学級活動の内容の取扱い

各学年段階に合わせた配慮事項		「(3)一人一人のキャリア形成と自己実現」の指導にあたって
第1学年及び第2学年	話合いの進め方に沿って，自分の意見を発表したり，他者の意見をよく聞いたりして，合意形成して実践することのよさを理解すること。基本的な生活習慣や，約束やきまりを守ることの大切さを理解して行動し，生活をよくするための目標を決めて実行すること。	学校，家庭及び地域における学習や生活の見通しを立て，学んだことを振り返りながら，新たな学習や生活への意欲につなげたり，将来の生き方を考えたりする活動を行うこと。その際，児童が活動を記録し蓄積する教材等を活用すること。
第3学年及び第4学年	理由を明確にして考えを伝えたり，自分と異なる意見も受け入れたりしながら，集団としての目標や活動内容について合意形成を図り，実践すること。自分のよさや役割を自覚し，よく考えて行動するなど節度ある生活を送ること。	
第5学年及び第6学年	相手の思いを受け止めて聞いたり，相手の立場や考え方を理解したりして，多様な意見のよさを積極的に生かして合意形成を図り，実践すること。高い目標をもって粘り強く努力し，自他のよさを伸ばし合うようにすること。	

出典：筆者作成。

　各学年段階の配慮事項が「内容の取扱い」として示されている。新学習指導要領から新設された学級活動(3)の指導にあたっての配慮事項も示されている。表8-1は，新学習指導要領に基づき，筆者がまとめたものである。
　また，表8-2～8-4に示す内容は，低学年，中学年，高学年のそれぞれの学年における学級活動の活動例を，筆者が一覧にしたものである。これらの活動例を参考に，各学校や学級の実態に即して，年間35時間（1年生は34時間）の年間指導計画を立てる。その際，(1)～(3)の10項目の内容がバランスよく配置されることが大切となる。

2　学級活動の進め方

(1) 学級活動の学習過程

　特別活動は，「なすことによって学ぶ」を指導原理としている。特別活動の指導にあたっては，毎日の学級生活において，個人や集団に関する課題を見出

表 8-2 第 1 学年・第 2 学年の学級活動の年間計画例

	学級活動(1)		学級活動(2)		学級活動(3)	
4月	学級目標をつくろう	ア	○○小学校大すき（1年生）	イ	1学期にがんばること（2年生）	ア
			自己紹介をしよう	イ		
			安全な登下校	ウ		
			学校のきまりを知ろう	ア		
			給食指導	エ		
			学校施設の使い方（1年生）	ウ		
5月	学級の歌とシンボルマークを決めよう	ア	遠足の約束	ウ	学校図書館の使い方	ウ
	係を決めよう	イ			たのしいおそうじ	イ
	「よろしくね」集会をしよう	ア				
6月	学級集会の計画を立てよう	ア	雨の日の過ごし方	ウ		
	教室を飾ろう	ア	丈夫な歯にしよう	ウ		
	朝の会や終わりの会を楽しくしよう	ア	楽しいプール	ウ		
			元気よくあいさつしよう	ア		
7月		イ	楽しい夏休みにしよう	ウ	教室をきれいにしよう	イ
			1学期をふりかえろう	イ	係の紹介をしよう	イ
8月	夏休み体験発表をしよう	ウ			2学期にがんばること	ア
9月	2学期の係を決めよう	イ	好き嫌いをせずに食べよう	エ		
	運動会でがんばることを決めよう	ウ				
10月	遊びのルールを考えよう	ア	楽しい遠足にしよう	ウ	日直の仕事	イ
			気持ちのよいあいさつ	ア		
			忘れ物をなくそう	ウ		
			みんなで仲よくしよう	ア		
11月	学級集会を計画しよう	ア	持ち物に名前を書こう	ア	本をたくさん読もう	ウ
			姿勢を正しくしよう	ウ	「係さんありがとう」の会をしよう	イ
			風邪に気をつけよう	ウ		
12月			2学期をふりかえろう	イ	教室をピカピカにしよう	イ
			冬休みの暮らし方を考えよう	ウ		
1月	3学期の係を決めよう	イ	外で元気に遊ぼう	イ	3学期にがんばること	ア
	昔遊び大会を計画しよう	ウ	風邪にかからないために	ウ		
2月	学級文集をつくろう	ア	丈夫な体をつくろう	エ	もうすぐ○年生	ア
	「冬遊び集会」をしよう	イ	6年生への感謝のしかたを考えよう	イ		
3月			3学期をふりかえろう	イ		
			春休みの暮らし方を考えよう	ウ		

出典：筆者作成。

第8章 小学校における指導の実際

表8-3 第3学年・第4学年の学級活動の年間計画例

	学級活動(1)		学級活動(2)		学級活動(3)	
4月	学級目標を決めよう	ア	○年生になって	イ	学校図書館の使い方	ウ
	学級の歌とシンボルマークを考えよう	ア	安全な登下校	ウ	1学期にがんばりたいことを考えよう	ア
	計画会をつくろう	ア	学校のきまりを知ろう	ア		
	係を決めよう	イ				
5月	1年間の学級集会の計画を立てよう（4年生）	ア	休み時間にみんなで遊ぼう	イ	学習時の約束を決めよう	ウ
	ボールの使い方の約束を決めよう	ア	遠足の約束	ア		
			言葉遣いについて考えよう	エ		
6月	学級集会を計画しよう	ア	歯を大切にしよう	ウ		
	背面黒板の使い方を考えよう	イ	気持ちよくあいさつしよう	エ		
	朝の会や終わりの会を楽しくしよう	イ	雨の日の過ごし方	ウ		
7月	お誕生集会をしよう	ア	心の成長について考えよう	ウ	教室をきれいにしよう	イ
			楽しい夏休みにしよう	ウ		
			1学期をふりかえろう	イ		
8月	夏休み体験発表をしよう	ウ			2学期にがんばりたいことを考えよう	ア
9月	学級目標を見直そう	ア	成長に必要な栄養について知ろう	エ		
	係を決めよう	イ	男女仲よくしよう	ウ		
	運動会の参加のしかたを考えよう	ウ				
10月	遊びのルールを考えよう	ア	友だちのよい所を見つけよう	イ	係の活動を工夫しよう	イ
			忘れ物をなくそう	ア	日直の仕事を考えよう	イ
			正しい歩行や自転車の乗り方	ウ		
			気持ちのよいあいさつ	イ		
11月	グループ新聞をつくろう	ア	性に関する情報について考えよう	ウ	ブックトーク大会をしよう	ウ
			持ち物に名前を書こう	ア		
			風邪を予防しよう	ウ		
12月	お誕生集会をしよう	ウ	2学期をふりかえろう	イ		
			困っていることを相談しよう	エ		
			冬休みの暮らし方を考えよう	ウ		
1月	係を決めよう	イ	外で元気に遊ぼう	イ	3学期にがんばりたいことを考えよう	ア
	「1／2成人式」を祝おう（4年生）	ア	丈夫な体をつくろう	ウ		
2月	思い出アルバムをつくろう	ア	6年生への感謝のしかたを考えよう	エ	クラブの参加のしかたを考えよう（3年生）	イ
	「冬遊び集会」をしよう	ウ			委員会の参加のしかたを考えよう（4年生）	イ
3月			3学期をふりかえろう	ア	○年生に向かってがんばろう	ア
			春休みの暮らし方を考えよう	ウ		

出典：筆者作成。

表8-4 第5学年・第6学年の学級活動の年間計画例

	学級活動(1)		学級活動(2)		学級活動(3)	
4月	学級目標を決めよう	ア	各種の集団活動（委員会，クラブ，たて割り班通学班等）のリーダーシップについて考えよう	イ	○年生になってがんばることを考えよう	ア
	1年間の学級集会の計画を立てよう	ア	物の貸し借りについて考えよう	ア		
	学級の歌とシンボルマークを考えよう	ア				
	係を決めよう	イ				
5月	たて割り班活動スタートの準備をしよう	ウ	遠足の約束	ウ	学級文庫のきまりをつくろう	ウ
	ボールの使用の約束を決めよう	ア	学習時の約束を決めよう	ア	家庭学習をがんばろう	ア
6月	学級集会を計画しよう	ウ	雨の日の過ごし方	ウ		
	雨の日の遊びを考えよう	ア	歯を大切にしよう	ウ		
	朝の会や終わりの会を楽しくしよう	ア	気持ちよくあいさつしよう	イ		
			よく噛んで食べよう	エ		
7月	お誕生集会をしよう	ウ	1学期をふりかえろう	ア	学校をきれいにしよう	イ
	宿泊学習を楽しくしよう	ウ	大人になるからだについて考えよう（5年生）	ウ		
	楽しい夏休みにしよう	ウ	命を大切に（6年生）	ウ		
8月	夏休み体験発表をしよう	ア			2学期にがんばりたいことを考えよう	ア
9月	学級目標を見直そう	ア	男女仲よくしよう	イ	自主勉強をがんばろう	ウ
	係を決めよう	イ				
	運動会を成功させよう	ウ				
10月	学級文化祭をしよう	ア	仲間について考えよう	イ	効率の良い掃除の手順を考えよう	イ
	気持ちのよいあいさつ	ア	係の活動を見直し活発にしよう	ア		
			自転車の正しい乗り方	ウ		
11月	委員会報告をしよう	ウ	健康な歯と食生活について考えよう	エ	ブックトーク大会をしよう	ウ
	学芸会を盛り上げよう	ウ	持ち物を大切にし忘れ物をなくそう	ア		
			風邪を予防しよう	ウ		
12月	お誕生集会をしよう	ウ	困っていることを相談しよう	イ	卒業アルバム・文集をつくろう	ウ
			2学期をふりかえろう	イ		
			冬休みの暮らし方を考えよう	ウ		
1月	係を決め活発になるアイデアを考えよう	イ	なくそう，悪口や仲間はずれ	イ	3学期にがんばることを決めよう	ア
	お世話になった人への感謝の会をしよう	ア				
2月	思い出アルバムをつくろう（5年生）	ア	丈夫な体をつくろう	エ	もうすぐ中学生（6年生）	ア
	卒業茶話会をしよう	ア	6年生への感謝のしかたを考えよう（5年生）	イ		
3月			3学期をふりかえろう	イ	自分達の卒業式をつくろう（6年生）	ア
			卒業式の参加のしかたを考えよう	イ	6年生に向かってがんばろう（5年生）	ア
			春休みの暮らし方を考えよう	ウ		

出典：筆者作成。

第8章 小学校における指導の実際

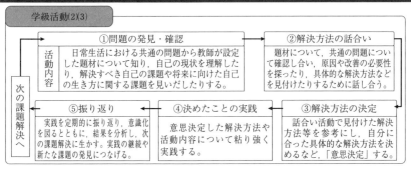

図8-2 学級活動(1)および(2)(3)の学習過程
出典：文部科学省，2017，44，45頁。

し，どのように取り組めば，よりよい解決が図れるのかについて話し合って合意形成をすることや，主体的に組織をつくり，協力して活動に取り組むことが重要視されている。ところが現実には，生活の節目としての行事や活動（たとえば「運動会」や「学級お楽しみ会」など）を，学校生活に彩りを添えるイベント（催し物）として取り組むことが多い。しかしながら，特別活動のねらう本来の目標を達成するためには，行事や活動を，単なるイベントとしてではなく，児童が所属する集団の課題や問題を解決する学習過程に位置づけて取り組むことが重要な要点である。

新学習指導要領の特別活動では，児童の自治的能力と，主権者として積極的

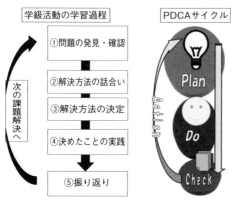

図8-3 学級活動の学習過程とPDCAサイクル
出典：筆者作成。

に社会参画する力の育成，および自己の生き方についての考えを深め自己実現を図る力の育成を目指している。そのために必要な資質・能力だけでなく，特別活動の内容項目ごとに学習過程も明確に示された。

学級活動の内容(1)〜(3)の学習過程は，いずれも，①問題の発見・確認⇨②解決方法の話合い⇨③解決方法の決定⇨④決めたことの実践⇨⑤振り返り(⇨次の課題解決へ)の5過程で示されている(図8-2参照)。

この学習過程を，PDCA（Plan-Do-Check-Action）サイクルに当てはめると図8-3のようになる。

初めに，児童が，自分の所属する集団の問題に気づき，その解決を図るために話し合い，解決方法を決定する（Plan，学習過程①②③）。そして，話合いの結果に基づいて活動を実践する（Do，学習過程④）。実践を定期的に振り返り，結果を分析して次の実践や課題発見につなげる評価をする（Check，学習過程⑤）。そして，日常の生活をより豊かな生活に高め，次の活動をより充実したものにしていく（Action）。このような学習過程を，活動ごとに繰り返すことで，学級活動において目指す資質能力が育まれるのである。

学級活動(1)は自発的・自治的な教育活動であり，学級活動(2)(3)は自己の生き方について考え自己実現を図る教育活動である。その学習過程は図8-3に示した①〜⑤の学習過程で取り組むが，それぞれの内容の特質を生かした指導が考えられる。

（2）学級活動の内容ごとの指導について

ここでは，学級活動の3つの内容の要点と指導内容について説明する。

表8-5 学級活動(1)と学級活動(2)(3)の学習内容

		学級活動(1)	学級活動(2)(3)
①	問題の発見・確認	・学級や学校における生活上の諸問題から課題を見出し、議題を学級全員で決定する。 ・課題解決の必要性を共有するとともに、話合いの計画を立て、解決に向けて自分の考えをもつ。	・日常生活における共通の問題から教師が設定した題材について知り、自己の現状を理解したり、解決すべき自己の課題や将来に向けた自己の生き方に関する課題を見出したりする。
②	解決方法の話合い	・よりよい生活づくりのために、取り組む内容や方法、役割分担などについて意見を出し合ったり、比べ合ったりしながら話し合う。	・題材について、共通の問題について確認し合い、原因や改善の必要性を探ったり、具体的な解決方法などを見付けたりするために話し合う。
③	解決方法の決定	・意見の違いや多様性を認め合い、折り合いを付けるなど集団としての考えをまとめたり決めたりして「合意形成」を図る。	・話合い活動で見付けた解決方法を参考にし、自分に合った具体的な解決方法を決めるなど、「意思決定」する。
④	決めたことの実践	・決定したことについて、自己の役割を果たしたり、互いのよさを生かして協働したりして実践する。	・意思決定した解決方法や活動内容について粘り強く実践する。
⑤	振り返り	・一連の実践の成果や課題を振り返り、結果を分析し成長を実感したり、次の課題解決に生かしたりするなど、実践の継続や新たな課題の発見につなげる。	・実践を定期的に振り返り、意識化を図るとともに、結果を分析し、次の課題解決に生かす。 ・実践の継続や新たな課題の発見につなげる。

出典:筆者作成。

① 学級活動(1)の学習過程

　学級活動(1)は、学級生活や学校生活をよりよくするための課題を見出し、様々な人々と解決方法などについて話し合い、集団として「合意形成」を図り、決まったことを協働して実践する自発的、自治的な教育活動である。その具体的な活動内容は、学級集団として取り組む生活上の諸問題の解決(たとえば「学級目標づくり」や「遊びのルール決め」など)や学級組織づくり、学級集会の計画などである。児童の社会参画の意識を高め、自治的能力を育む視点から、学級活動(1)の内容は、話合い活動による合意形成による学級集団づくりを目指し

た学級経営との関連を図ることが大切である。
② 学級活動(2)(3)の学習過程
　学級活動(2)(3)は，児童一人ひとりが自分たちの生活上の課題を解決するための具体的な解決方法などを「意思決定」し，実践したり希望や目標をもって生活や学習を行ったりする自己教育力を育成する教育活動である。学級活動(2)に関する具体的な内容には，日常の生活習慣に関することや健康・安全・食育に関することがあげられる。また，学級活動(3)に関しては，キャリア教育と関わって，自己の目標設定に関することや，係や当番などで学級の一員としての役割を果たす意義の理解，主体的に学ぶ態度の育成などがあげられる。
　学級活動(1)と学級活動(2)(3)の学習内容のちがいをまとめると表8-5のようになる。学級活動の指導を進めるにあたっては，学級活動の内容(1)(2)(3)のそれぞれの特質を生かし，学習過程を意識しながら指導にあたることが大切である。

3　学級活動の指導の実際

(1) 学級目標づくり

　学級目標は，1年間を通した学級集団づくりの道しるべであり，学級規範のよりどころである。学級集団づくりにおいては，年度当初に学級目標づくりの話合いを，学級活動(1)に位置づけて取り組む。そして，その学級目標を達成するために，日々様々な活動を行う。学期末には，学級集団がどのように変容しているかについて振り返るための話合いを，学級活動(2)に位置づけて取り組む。具体的な6年生の学級目標づくりの手順を，学級活動の学習過程に沿って示す。

〈事例　学級目標を決めよう（第6学年）〉
　この活動は，(1)―ア「学級や学校における生活上の諸問題の解決」に位置づけられる。
○問題の発見・確認
　年度当初，これまでの経験から，児童一人ひとりに「新しい学級の目標をつくろう」という課題意識をもたせる。そして，「どのような学級をつくりたいか」「6年生としてどのように1年間を過ごしたいか」など，児童に事前にアンケートを取り，児童一人ひとりの願いが反映された学級目標をみんなで話し合ってつくろうという意識

第8章 小学校における指導の実際

を高める。

◯**解決方法の話合いと決定**

　4月の第1回目の学級会で，学級目標を決める話合い活動を行う。

> 議　題：最高の学級目標をつくろう！
> めあて：「思い出に残る楽しい学級をみんなでつくるため，一人ひとりの学級へ
> 　　　　の思いや願いを大切にし，学級目標を決めよう」
> 柱　1：どんな学級にしたいかについて意見を出そう
> 柱　2：入れたい言葉を考えよう

　話合いでは，初めに担任から児童に，学級生活の中で身に付けてほしい力について語る。その中で，学校の目標や地域・家族の方々の願いなどについても触れ，児童が社会とのつながりを意識できるようにすることも大切である。

　次に，児童が考えてきた「こんな学級にしたい」という思いや願いを出し合い，「入れたい言葉」をキーワードにして学級目標を決定していく。ここで大切なことは，学校全体や地域・家族の思いを取り入れながらも，自分たちの学級づくりの方向性を「自分たちで決めた」と感じられる話合い活動を行うことである。そのことが，社会参画の意識を高め，自発的・自治的能力の育成につながることになる。

表8-6　学年別の学級目標例

	学級目標
第1学年	◯みんなげんきな　なかよしクラス　たのしい1ねん◎くみ
	◯べんきょうをがんばろう　しっかりたべよう　みんななかよくしよう
第2学年	◯やさしさいっぱい　えがおいっぱい　なんでもがんばる2年◇組
	◯たすけあってなかよくあそぼう　さいごまでがんばろう！
第3学年	◯明るく元気に　友じょういっぱい　えがお・なかよし3年△組
	◯みんなで楽しく遊び，友だちの気持ちを大切にし，助け合うクラス
第4学年	◯よく考え　よく感じ　最後までがんばる　思いやりのあるクラスにしよう
	◯心を1つに　協力し合って　何事にもがんばる優しい4年◯組
第5学年	◯前向きで　明るく楽しい5年□組　みんなで一緒に伸びていこう！
	◯仲よく楽しい仲間　落ち着いて行動できる仲間　励まし合い助け合う仲間
第6学年	◯協力して助け合い仲のよい6-△　一人一人が責任をもち最後まであきらめずがんばる6-△　世界で輝く6-△
	◯相手の気持ちを尊重できる6年生になろう　最高学年としてみんなにやさしく尊敬される6年生になろう

出典：筆者作成。

学級目標の文言は，否定的・禁止的な言葉は使わず学級の日常生活の規範をみんなで共有できるような肯定的な言葉を使って表現することが望ましい。表8-6は実際の小学校でつくられた学年別の学級目標を，筆者がまとめたものである。

○決めたことの実践

学級会で決めた学級目標は，児童が常に意識できるように教室内に掲示し，次の3点について指導する。

- ア）学級として取り組む1年間の様々な活動は，学級みんなで決めたこの目標を達成するための活動であること。
- イ）今後の諸活動のめあての根拠であること。
- ウ）学級内で，友達同士のもめごとやトラブルがあったときも，「学級目標」が解決のための道しるべとなること。

学級のみんなで決めた学級目標を，学級生活のよりどころとして，1年間の様々な活動に取り組み，学級集団づくりを進めていく。

○振り返り

学級活動の成果を振り返り，確かめ合う取組みとして，学期末ごとに，学級目標について振り返る学級会の時間をもつ。ここでは，1学期末の振り返りの活動を示す。この活動は，学期末の学級活動(2)「よりよい人間関係の形成」に位置づけて行う。

> 題　材：1学期を振り返り，学級目標が達成できたかどうかを振り返ろう
> めあて：「みんなでがんばった活動を振り返り，学級目標が達成できたかどうか
> 　　　　を話し合い，次の学期に向かって頑張る気持ちをもとう」
> 柱　1：1学期を振り返り，成果を確かめ合おう
> 柱　2：学級目標が達成できたかどうかを，振り返ろう

この話合い活動の要点は，学級目標に沿って活動し，学級づくりをしてきた結果，ア）自分たちの日常生活がどのように変わってきたか，イ）学級の人間関係がよりよいものになってきたか，という視点で話し合うことである。自分たちが取り組んできた活動を言語化することで，やり遂げたという実感を共有することができる。そのことによって，児童は自分たちの活動に自信をもち，次の活動もやってみよう，頑張ろうという意欲を高めることができる。また，学級目標を振り返る話合いの中で，学級目標が達成されたことが確かめられると，次の学期に向けて，学級目標をより発展的な文言に改編しようという提案

が出されることがある。学級活動の学習過程の「次の課題解決へ」が実現した証として、大切にしたい提案である。

このように学級目標について振り返ることで、学級集団に「よりよい人間関係」を築き、児童一人ひとりに、「社会参画」と「自己実現」の力を育成することができるのである。

（2）学級の組織づくり

学級内の組織としては、係活動や当番活動などが考えられる。これらの活動はどれも学級目標を達成するために組織されるものである。

実際の場面では、組織を立ち上げ役割分担を話し合い、実践活動を進める場面は、学級活動(1)の「イ　学級内の組織づくりや役割の自覚」に位置づけて取り組む。また、係活動の充実や当番活動の取組み方などについては、学級活動(3)の「イ　社会参画意識の醸成や働くことの意義の理解」に位置づけ、児童が主体的に学級組織の活動に取り組む態度の育成を図るようにする。

ここでは、学級活動(1)のイに関して、係活動の指導について述べる。

○係活動の指導

学級の係活動は、児童一人ひとりの個性を生かした創造的な発想を活動に生かすことができる活動である。児童のより自発的な活動を促すためには、各係のめあてや一人ひとりの仕事が明確になっていることと、一人のリーダーの指示・伝達によって活動する「たて組織」にしないことなどが大切である。係活動を決めるための話合いの手順は、図8-4のとおりである。

ステップ1では、児童に、係活動は学級目標をみんなで達成するための活動であることに気づかせる指導を進めることが重要となる。

ステップ2の話合いでは、児童から出されたいろいろな係が、学級目標の達成に必要かどうかについて検討し、活動内容が共通理解できるようにする。また、それぞれの係の必要人数や、学級の実態によっては男女比などについても検討するようにする。

ステップ3の活動では、分担された係ごとに、活動内容がわかるようなネー

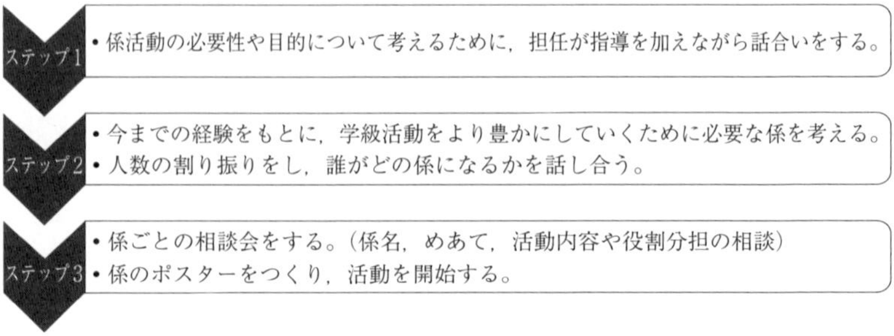

- ステップ1 • 係活動の必要性や目的について考えるために、担任が指導を加えながら話合いをする。
- ステップ2 • 今までの経験をもとに、学級活動をより豊かにしていくために必要な係を考える。
  • 人数の割り振りをし、誰がどの係になるかを話し合う。
- ステップ3 • 係ごとの相談会をする。（係名、めあて、活動内容や役割分担の相談）
  • 係のポスターをつくり、活動を開始する。

図 8-4　係活動を決める手順

出典：筆者作成。

ミングをすることや、めあてを決めることなどを指導する。また、活動内容を考える際には、それぞれの係が学級みんなのために何ができるのかについて、創意工夫を凝らして主体的に考えることができるような支援を行う。さらに、一人ひとりの児童が責任をもって活動するために、仕事内容を明確にするように指導する。

年度当初の係活動の種類や役割分担を決める話合いでは、教員が係活動の必要性を指導することから始める。また、学級目標達成を目指して児童一人ひとりの創意工夫がなされるように、以前の活動や他の学校の活動の事例を提示するなどして、具体的な指導や助言を行うことが重要になる。

活動内容を充実させるために、係活動を見直すことは大切である。新学期が始まる時期（3学期制では9月・1月、2学期制では10月）は、前学期に活動していた係について見直す好機である。その際には、ステップ1を、前学期の係活動を振り返る活動内容に変えて指導するとよい。

図8-5は、係活動の見直しによって整理統合された1年生の係活動の事例である。学級集団の成長に伴って、一人一役の係活動からグループで取り組む組織的な活動にするために、係の仕事内容を見直し、係を整理統合することが大切である。

年度初め（学期初め）には、係の活動に意欲的に取り組んでいた児童でも、時間の経過によって活動への意欲が低下し、活動そのものが停滞してしまうこ

第8章　小学校における指導の実際

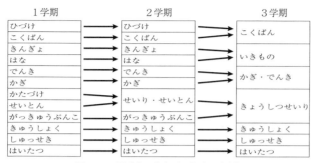

図8-5　係活動の変容（1年生の事例）

出典：筆者作成。

とがある。そのようなときには，係活動の仕事の見直しなどに取り組む。この内容は，学級活動(3)のイに関わることなので，本書第11章第2節で詳しく述べる。

引用文献
文部科学省（2010）「生徒指導提要」。
文部科学省（2017）「小学校学習指導要領解説特別活動編」。

――学習の課題――
(1) あなたが小学4年生の学級を担任したと仮定し，学級活動の年間指導計画（35時間）を立案しよう。
(2) 学級活動の学習過程に沿って，「学級目標づくり」の指導計画案をつくろう。

【さらに学びたい人のための図書】
西川幹雄監修（2017）『「対話」にあふれ「深い学び」を生み出す学級経営　4年生』
『「対話」にあふれ「深い学び」を生み出す学級経営　6年生』小学館。
　　⇨特別活動を基盤とした学級経営のノウハウを月ごとにわかりやすく解説している。
宮川八岐（2013）『やき先生の特別活動講座――学級会で子どもを育てる』文溪堂。
　　⇨学級会の実践事例を引用しながら，話合い活動の指導方法などについて解説している。
白松賢（2017）『学級経営の教科書』東洋館出版社。
　　⇨学級担任として必要な集団づくりの基本的な考え方について，丁寧に解説されている。

（秋山麗子）

第9章 中学校における指導の実際

この章で学ぶこと

中学校の特別活動は,「学級活動」「生徒会活動」「学校行事」の内容から構成される。本章では,初めに特別活動全般に関わる年間指導計画について述べる。次に,学級が生徒にとって学校における生活の基盤となる集団であり,学級内の人間関係や,学級集団の状態が生徒の学校生活全体に大きな影響を与えることから,学級担任を任された者が学級づくりを行う上で大切なポイントについて検討する。なお,学習の過程などに関しては,本書第5章で詳細に検討されていることから,本章では,指導の具体例を中心に記述する。

1 特別活動年間指導計画の作成

(1) 特別活動の年間計画とは?

中学校の特別活動は,学級活動,生徒会活動,学校行事の3つの内容(以下,「各活動・学校行事」)から構成されている。学校は,これらの特質を理解し,適切に展開することを通して,特別活動の目標を実現することを目指す。2017(平成29)年3月に公示された新学習指導要領(文部科学省,2017a)では,特別活動の目標は次のように示されている。

> 【特別活動の目標(学習指導要領第5章第1「目標」)】
> 　集団や社会の形成者としての見方・考え方を働かせ,様々な集団活動に自主的,実践的に取り組み,互いのよさや可能性を発揮しながら集団や自己の生活上の課題を解決することを通して,次のとおり資質・能力を育成することを目指す。
> (1)　多様な他者と協働する様々な集団活動の意義や活動を行う上で必要となることについて理解し,行動の仕方を身に付けるようにする。

> (2) 集団や自己の生活，人間関係の課題を見いだし，解決するために話し合い，合意形成を図ったり，意思決定をしたりすることができるようにする。
> (3) 自主的，実践的な集団活動を通して身に付けたことを生かして，集団や社会における生活及び人間関係をよりよく形成するとともに，人間としての生き方についての考えを深め，自己実現を図ろうとする態度を養う。

　ここで示されている「見方・考え方」とは，どのような視点で物事を捉え，どのような考え方で思考していくのかという，物事を捉える視点や考え方のことである。集団や社会の形成者としての見方・考え方を働かせるとは，集団や社会の一員としての立場から物事を捉え，考えるということである。特別活動では，これを働かせる体験を通して，(1)から(3)の３つの資質・能力を生徒に育成することを目指すのである。さらに，学習指導要領解説特別活動編ではこの３つの資質・能力や，その育成過程のあり方について整理し，理解を深めるために，「人間関係形成」「社会参画」「自己実現」の３つの視点（文部科学省，2017b）が示されている。

> (1) 「人間関係形成」は，集団の中で，人間関係を自主的，実践的によりよいものへと形成するという視点である。人間関係形成に必要な資質・能力は，集団の中において，課題の発見から実践，振り返りなど特別活動の学習過程全体を通して，個人と個人あるいは個人と集団という関係性の中で育まれると考えられる。年齢や性別といった属性，考え方や関心，意見の違い等を理解した上で認め合い，互いの良さを生かすような関係をつくることが大切である。
> (2) 「社会参画」はよりよい学級・学校生活づくりなど，集団や社会に参画し様々な問題を主体的に解決しようとする視点である。社会参画のために必要な資質・能力は，集団の中において，自発的・自治的な活動を通して，個人が集団へ関与する中で育まれるものと考えられる。学校は一つの小さな社会であると同時に，様々な集団から構成される。学校内の様々な集団における活動に関わることが，地域や社会に対する参画，持続可能な社会の担い手となっていくことにもつながっていく。
> (3) 「自己実現」は，一般的には様々な意味で用いられるが，特別活動においては，集団の中で，現在及び将来の自己の生活の課題を発見しよりよく改善しようとする視点である。自己実現のために必要な資質・能力は，自己の理解を深め，

> 自己のよさや可能性を生かす力，自己の在り方生き方を考え設計する力など，集団の中において，個々人が共通して当面する現在及び将来に関わる課題を考察する中で育まれるものと考えられる。

　目標の実現に向けて，各校では各活動・学校行事を見通して，「特別活動年間計画」を作成する。その計画をもとに，「学級活動」は各担任が，「学校行事」「生徒会活動」はそれぞれの担当者が，各内容についてより具体的な年間指導計画を作成し，教職員全体の共通理解のもとに組織的に協力体制を組む。

（2）学級活動年間計画

　学級活動の目標は，本書第8章で示された小学校の目標と同様である。その目標を達成するために，すべての学年において，学級担任が中心となって学級活動の指導計画を立てる。学級活動の内容は，次の(1)～(3)の11項目で構成されている（文部科学省，2017a）。

> 学級活動の内容
> (1) 学級や学校における生活づくりへの参画
> 　　ア　学級や学校における生活上の諸問題の解決
> 　　イ　学級内の組織づくりや役割の自覚
> 　　ウ　学校における多様な集団の生活の向上
> (2) 日常の生活や学習への適応と自己の成長及び健康安全
> 　　ア　自他の個性の理解と尊重，よりよい人間関係の形成
> 　　イ　男女相互の理解と協力
> 　　ウ　思春期の不安や悩みの解決，性的な発達への対応
> 　　エ　心身ともに健康で安全な生活態度や習慣の形成
> 　　オ　食育の観点を踏まえた学校給食と望ましい食習慣の形成
> (3) 一人一人のキャリア形成と自己実現
> 　　ア　社会生活，職業生活との接続を踏まえた主体的な学習態度の形成と学校図書館等の活用
> 　　イ　社会参画意識の醸成や勤労観・職業観の形成
> 　　ウ　主体的な進路の選択と将来設計

これらの内容の取扱いに関しては，生徒の発達段階の特性や小学校や高等学校との円滑な接続を踏まえて指導を計画することが求められる。「中学校学習指導要領解説特別活動編」においてその際の配慮事項として，以下の2点が示されている。

　1つ目は，「小学校からの積み重ねや経験を生かす」（文部科学省，2017b）ことである。中学校においては，集団活動における話合い活動の進め方や合意形成の仕方，チームワークの重要性や集団活動における役割分担など，集団活動を特質とする特別活動の前提に関わる基礎的な資質・能力を，小学校からの積み重ねを生かしつつ，発達段階を踏まえてさらに発展させていくことが求められている。

　2つ目に，「学習や生活の見通しを立て，振り返る教材の活用」（文部科学省，2017b）を計画することである。特別活動は中学校の教育活動全体で行うキャリア教育の要となるべきものである。そこで，各教科における学習や，特別活動において学んだことを蓄積し，それらを学級活動においてまとめたりすることによって，各教科の学びと特別活動の学びを往還させ，教科等の枠を超え，それぞれの学びを生徒自身のキャリア形成につなげていくことを目指す。また，小学校から中学校，高等学校へと系統的なキャリア教育を進めることに資する内容であることも求められる。これには，ポートフォリオ的な教材の活用が有効である。このような教材を活用した活動を行うことは，生徒にとっては自己理解を深めるためのものになり，教師にとっては生徒理解を深めるためのものになる。キャリア教育の実際については本書11章を参照するとよい。次に，中学校1年生における学級活動の活動例を示す。特別活動のうち，学級活動には年間35単位時間以上が充てられる。新学習指導要領では，年間35週以降にわたって毎週実施することが示されている。その際の計画については，(1)〜(3)の11項目がバランスよく配置される必要がある（表9-1参照）。

（3）学級活動の学習過程について

　学級活動はすべて，問題の発見・確認，解決方法の話合い，解決方法の決定，

表 9-1 学級活動の年間指導計画例

	学級活動(1)		学級活動(2)		学級活動(3)	
4月	学級目標をつくろう	ア	中学校の生活と規則について知ろう	ア	中学校生活で頑張ること	ウ
	学級組織をつくろう	イ			中学校の学習について知ろう	ア
5月	話合いの意味について知ろう	イ	生活習慣を見直そう	エ	図書館の利用方法を知ろう	ア
	宿泊学習に向けて	イ	教室でのマナーについて考えよう	イ		
6月	係活動を充実させよう	イ	家庭学習を充実させよう	ア	ビブリオバトルをしよう	ア
	居心地のよいクラスづくりのためには	ア	防災について考える	エ		
7月	1学期のクラスのまとめをしよう	ア	夏休みの過ごし方について考えよう	エ	将来について考えよう	イ
			身近な大人にインタビューをしよう「中学時代の悩みについて」	ウ	職業調べをしよう	イ
8月					2学期に頑張りたいことについて考えよう	ア
9月	2学期の学級組織をつくろう	イ	2学期の生活について考えよう	エ	進路学習について知ろう	ウ
	体育大会の作戦を立てよう	ア	食習慣を見直そう	オ		
10月	生徒会について知ろう	ア	異性との協力と思いやり	イ	自分の特色について考える	ウ
	文化発表会の計画を立てよう	ア	互いのよいところを探そう	ア		
11月	行事の振り返りをしよう	ア	LGBT について知ろう	ウ	進路計画の必要性について知ろう	ア
	いじめについて考えよう	ア				
12月	学年レクリエーションをしよう	ウ	冬休みの過ごし方について	エ	進路計画の立て方について知ろう	ア
1月	3学期の学級組織をつくろう	イ	冬休みの報告会をしよう	ア	自分の進路計画を立てよう	ア
	3年生を送る会にむけて	ウ				
2月	クラスの成長を振り返ろう	ア	大掃除の計画を立てよう	エ	自分の成長を振り返ろう	ア
3月	先輩になるにあたって	ア	春休みの過ごし方について	エ	2年生で頑張りたいことについて	ウ
	学級解散式をしよう	ウ				

出典:筆者作成。

決めたことの実践，振り返りという学習過程で実施される。

　解決方法の話合いと決定において大切なのは，一人ひとりが異なった意見や感じ方をもっていることを前提として，互いの意見や多様な考え方を大切にしながら，学級としての考えや取組み方についての合意を形成し決定することである。話合いを通して合意が形成できたら，決めたことを役割分担し協力して実践する。活動が終われば振り返りをして，次の活動に生かす。学級活動では，この繰り返しによって生徒の資質・能力を育んでいくのである。

　次に話合いの実際について確認する。話合いは1単位時間を用いて，1つの議題について話し合い，結論を出す活動である。議題としては，「学級目標を決めよう」「体育大会の作戦を立てよう」「高校受験に向けて，みんなでできることを探そう」「過ごしやすい学級づくりのためには？」等のようなものが考えられる。

　話合い活動は，1単位時間を，導入，展開，終末の3つに区切って指導する。

　導入部分では，本時の議題と，話し合う際に重要な視点について確認する。展開部分で注意すべきことは，「一人一人が自分なりの意見や意思を持った上で，合意形成に向けた話合いに臨むようにすること」（文部科学省，2017b）である。そのために，生徒が議題を自分事として捉え，解決にむけての自分の意見をもつことができるような指導が求められる。また，一見すると学級全体で協力して話合いが進められているように見えても，実際には担任の意向や，一部の影響力の強い生徒の考えだけで全体が動かされていく場合もあるので，互いの意見を尊重しながら，自分の意見を主張し，多面的・多角的に考えて合意形成を図ることができるように指導の計画をすることが求められる。

　次に，「過ごしやすい学級づくりのためには？」についての話合いを例にして，議論を活発にするための指導について検討する。授業の初めに，黒板に議題を示し，その内容と解決を図る際の視点について確認する。まず個人で解決策を考え，付せんに書く。次に，隣の席の生徒とペアをつくり，口頭で交流し，最後に4〜6人程度のグループで話し合う。この際に大き目の紙（模造紙や画用紙）とマジックを使って，付せんを似た内容の意見ごとにまとめながら，議

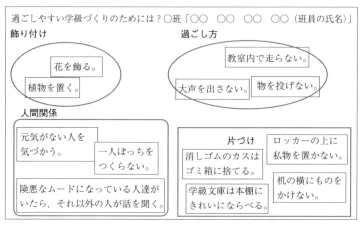

図 9-1 話合いの記録例(付せんを用いた KJ 法のイメージ)
出典:筆者作成。

論を進めていく。議論を目に見える形で残していくことが大切である(図 9-1 参照)。ここではその方法として KJ 法を採用しているが,これ以外にも多くのものがある。担任は,話合いの内容が拡散してしまわないような議論の進め方について指導ができるように学んでおく必要がある。

次にグループごとにまとめた内容を発表し,学級全体での合意形成を図る。終末部分では,生徒一人ひとりが,「合意形成に基づいて実践するに当たって,自分自身に何ができるか,何を行うべきかということを主体的に考えて,意思を持つこと」(文部科学省,2017b)を目指したまとめを行い,その後の実践を計画する。

2 学級活動の指導の実際について

(1) 学級びらきについて

学級は,最初から学級集団として望ましい姿で存在しているわけではない。望ましい集団とは,生徒同士が互いのよさや可能性を発揮することができるような状態の集団を指すのであるが,学級は生徒が互いの様子を探り合い,仲の

よい友達と小集団をつくっている状態から始まる。担任を任された者は，様々な活動を通して望ましい学級集団を育てていくことを目指すのである。

　そのために，学級目標を設定することが必要である。これは，1年間を通して学級が目指す方向を示すものであり，学級活動の内容(1)「学級や学校における生活づくりへの参画」に位置づけて行う。

　学級の生徒全員が1つの目標を共有し，それを意識しながら活動することで，学級に集団としてのまとまりが徐々に育まれる。もちろん，これは一度で達成されるものではない。学校行事や学年，または学級での様々な取組みのたびに学級目標に照らし合わせた振り返りを行い，目標が生徒の中に浸透していくように働きかけることが大切である。

　学級目標を本当に意味のあるものにするためには，その目標が学級担任と生徒一人ひとりの思いを込めたものであることが必要である。そのために，学級目標を決める際には，綿密な計画を立てる。まず，生徒一人ひとりの思いを拾い上げるための方法を検討する。学級全体で意見を出し合うという方法も考えられるが，全体の前で自分の意見を言いづらい生徒もいることを考慮すると，これ以外の方法が望ましい。

　たとえば，事前にアンケートなどで意見を集める方法や，付せんや短冊などを用意し，意見を書かせる方法がある。このような方法で集めた学級全員の意見をもとに話し合ってつくるのであるが，このときに担任は，学校全体の教育目標との関連づけを意識する必要がある。多くの場合，学校全体の教育目標は，知・徳・体から成り立っている。その目標を受けて設定するので，当然のことながら学級目標も知・徳・体を意識したものになる。しかし，担任の意見の押しつけになってしまってはいけない。また，一部の影響力の強い生徒の意見に引っ張られてもいけない。生徒に任せてつくる場合にも，語呂合わせを意識しすぎて，曖昧な目標になってはいけない。生徒の様子を見極めながら，適切な指導を行いたい（図9-2参照）。

　学級目標を設定したら，旗やポスターなどの掲示物を作成し，それを教室の見えやすい場所に掲示する。これには生徒が学級目標を常に意識するようにす

```
1年生
① 授業に集中する。ほっとできる。元気の良いクラス。
② 全部に本気！〜勉強，友達，部活〜
2年生
③ 「にのいち」〜にこにこ過ごす。のびのびできる雰囲気。
   いっしょう懸命勉強する。ちからを発揮する。〜
④ 挑戦〜今よりよくなる!!〜
3年生
⑤ PEACE〜pure evolution aggressive creative enjoy〜
⑥ 絆〜全員の気持ちがつながるクラス〜
```

図9-2　学級目標例

出典：筆者作成。

図9-3　学級目標掲示物例

出典：筆者作成。

ることと，日々の学級での生活を学級目標に照らし合わせて振り返り，評価することができるようにするねらいがある。

　掲示物は，デザインや配色を工夫し，丁寧に作成する。生徒が常に学級目標に注意し，意識するために掲示をするので，画用紙にマジックで書いただけのような簡素なものにならないよう注意する（図9-3参照）。

　日々の生活においては，朝の会や帰りの会などで，担任が学級の現状を学級目標に照らし合わせて確認する。また，行事の際には，生徒一人ひとりの姿や学級集団としての姿を学級目標と関わらせた振り返りを行う。学期の終わりごとに，その達成度を通信などで振り返ることも有効であるし，生徒一人ひとりがどのように考えているかを，振り返り作文などを通して確認することも有意義である。

（2）学級組織づくりについて

　次に学級の組織づくりについて確認する。表9-2で学級組織の例を示すが，これらは各学校においてその種類や名称が異なることが考えられる。表9-2における専門委員会は，全校生徒で組織される生徒会組織の一つである。これが学級組織の中に位置づけられていることには，生徒会活動と学級での活動を関連させて行う目的がある。学級から選出された委員は，各委員会の会議に出席し，学校生活の改善を図るための議題について話し合い，そこで合意形成された取組みを学級において推進する役割をもつ。教科係は，担当教員によって取組み内容が異なる場合があるが，教員には後述する係活動の意義を意識した取組みを計画することが求められる。

　学期が変わるごとに行う学級組織決めは，立候補によって行う。学年や学期の始まりの時期には，生徒のこれまでの自分にはできなかったことに挑戦しようという気持ちが高まっているため，担任はその挑戦を後押しするように働きかける。立候補が重なった場合には，候補者の所信表明をした上で，選出する。その方法は様々なものが考えられるが，じゃんけんなどの偶然に任せた方法で選出することはその後の活動の軽視につながるので，避けるべきである。また，係に就くことができなかった生徒に対するケアを丁寧に行うことも大切である。

　それぞれの委員，係を担当する生徒が，役割を自覚し，意欲的に活動に取り組むことで学級の生活はよりよいものになっていく。そのために，それぞれに活動の機会があり，その内容と方法が明確であることが必要である。また，生徒が自分の活動がよりよいクラスづくりに役立っているという実感を得ることで係活動が活性化されるため，担任はそれぞれの活動の様子を丁寧に確認し，個人との連絡ノートに係活動についてコメントをしたり，全体にむけて配布する学級通信で伝えたりする。また生徒の工夫がみえたときにはその場でそれを認め，活動の意欲を高めることを意識するとよい。活動に課題がみられたときには，解決にむけて学級で話合いを行う。話合いによって自分たちで解決策をみつける経験を積み，生徒に自分たちで学級をよりよくしていくことができるという自覚が生まれることで，自発的で自治的な活動が促進されていく。

表9-2　学級組織例

	委員・係	名前（フルネームで）	
3役	委員長		
	副委員長	（男）	（女）
専門委員会	風紀委員	（男）	（女）
	美化委員		
	緑化委員		
	保健委員	（男）	（女）
	図書委員		
	放送委員		
	選挙管理委員		
	体育大会実行委員	（男）	（女）
教科係	国語		
	社会		
	数学		
	理科		
	音楽		
	美術		
	保健体育		
	技術		
	家庭科		
	英語		

　注：副委員長，風紀委員，保健委員，体育大会実行委員は，係の仕事内容に関わって男女の両方の委員が必要であるが，それ以外の委員は，2名とも同性でも可。

　また，表9-2で示した以外に学校生活に関わる活動として当番活動がある。係活動が学級の生活をよりよいものにしていくために，同じ生徒が一定期間担当し，創意工夫しながら取り組むものであるのに対し，当番活動は学級生活を適切に維持していくための必要から生まれる，順番を決めて交代で行うものである。日直や，給食当番，清掃活動（掃除当番）といったものがそれである。

　当番活動も，係活動と同様に生徒が自分の仕事がクラスの役に立っていると

いう実感を得ることで，活発になっていくのであるが，係活動に比べて生徒の創意工夫を生かす場が少ないため，活動が停滞することが起こりやすい。そこで，担任は当番活動の段階に応じた指導を適切に行う。たとえば，清掃活動（掃除当番）の指導は次のように行う。学級や学期の初めには，担任が班員一人ひとりに仕事があるように分担し，効果的に掃除を行うための手順を指導する。これは，学級や学期の初めには生活班のメンバーがそれ以前と変わっているため，班員の協力体制が整っておらず上手に清掃活動を行うことが難しい場合があるからである。

　清掃の時間には，担任も一緒に掃除をし，終了後には振り返りを行う。振り返りの際に大切なことは，その日の清掃活動の改善点を確認し，次の日のよりよい活動へつなげていくことである。担任の主導で清掃活動の方法を確認し，基本的な流れが定着したら，その後は生徒同士で，仕事の分担やよりよい手順について相談しながら活動を行う。担任は，生徒の工夫を評価し，うまくいった取組みなどを朝礼や終礼で紹介するなどして，生徒の意識を高めるとよい。

　しかし，清掃活動は毎日取り組むものであるため，活動がマンネリ化して，ルーティンワークとして行われるようになってしまうこともある。定期的に活動の様子を評価し，生徒ら自身に清掃活動の内容を工夫させていくことが必要である。

（3）行事について

　学校行事は，①儀式的行事，②文化的行事，③健康安全・体育的行事，④旅行・集団宿泊的行事，⑤勤労生産・奉仕的行事の5種類に区分される内容で実施される。これらは集団への所属感や連帯感を深め，公共の精神を養うことを目指して行われる。また，日常生活に変化が与えられ学校生活のリズムが整えられるとともに，学校生活に潤いと秩序が与えられる効果もある。学級づくりにおいても非常に大切な節目となるものである。

　学生の頃の思い出を問われたときに，体育大会や合唱コンクールなどを思い出す人も多いだろう。ここではこの2つをイメージして，行事の指導のポイン

トについて確認する。

　行事への取組みは，事前指導（準備），本番（当日），事後指導（振り返り）という3段階で行う。事前指導の最初には，話合いによって，クラスの目標を決める。多くの場合，生徒は，「優勝する」や「コンクールで最優秀賞を獲る」というような目標を立てる。指導する担任までもが勝敗だけにこだわってしまってはいけないが，行事におけるクラス同士の競い合いには，クラスの団結力を高める効果があるので，生徒が立てる目標としては，これでよい。

　担任は，行事への取組みを通して，クラスの生徒が，お互いの違いや，多様性を認め合い，助け合って，一つのものをつくりあげる経験ができるように計画する。当然ながら，クラスには音楽や体育が得意ではない生徒もいるので，合唱コンクールや体育大会の取組みの中に，そのような生徒も活躍できる場を設定する。たとえば，学級としての取組み計画をプリントにする係をつくるなどがある。また，目立たない場所でのクラスのためのよい行いがあれば，それをクラス全体に伝え，褒めることなどで，生徒に互いを認め合うための多様な視点に気づかせる。

　生徒同士が互いを認め合うことができるようになると，クラスには親和的な雰囲気が生まれる。そうすると，生徒は安心して活動に取り組むことができるようになるので，結果として積極的に行事に向き合うようになる。そして，一人ひとりが自分にできる方法でクラスのために力を発揮することで，クラス全体の取組みの質が上がっていく。こうすることで，クラスの生徒たちがお互いの違いを認め合い，助け合い，一つのものをつくりあげることで達成感を得られるような取組みをすることができる。筆者は，そのプロセスとして図9-4をイメージしている。

　行事を終えた後には，必ず振り返りを行い，取組みの良かった点と，改善す

図9-4　行事への取組みイメージ
出典：筆者作成。

べき点を確認し共有する。目標を立て，その実現を目指して取り組み，振り返りをして，次の取組みにつなげる。その積み重ねによって学級集団が成長していく。すべての行事や活動が関連しているということを忘れずに指導にあたることが大切である。

（4）学級通信について

　最後に，学級通信づくりについて確認する。まず，生徒に対する働きについてまとめ，その次に保護者との連携という視点を確認する。

　学級通信は，学級全体に書面で伝えたいことをまとめるというねらいで作成する。単なる連絡ではなく，学級通信を通して担任の考えを伝えたり，学級の現状を振り返ることに役立てたりするためのものであるという意識で作成するとよい。たとえば，委員会，係活動のよい姿を紹介することで，これらの取組み方を考える機会をつくることができる。また，部活動や校外での習い事などで，優秀な成績を収めた人を紹介することで，互いを認め合う雰囲気づくりを促進することもできる。学活や道徳の時間に，考えをまとめる活動を行った後には，その紹介をするとよい。最初は，恥ずかしがっていた生徒も，徐々に学級通信で紹介されることを前向きに捉えるようになる。また，それぞれの考えを紙面で交流することで，学級内の相互理解が進み，人間関係がさらによくなるという効果も期待される。

　さらに，学級通信の大切な役割として，保護者との連携を深めることがある。思春期の子どもをもつ保護者は，わが子が学校でどのような生活を送っているか，学級の様子はどのようか，いま授業ではどんなことを習っているのかなどに興味がある。しかし，中学生にもなると，その日学校で起こったことを保護者に事細かに話す生徒は少なくなる。そこで，今後の予定や連絡だけでなく，学級の日常の様子や，学校行事の様子などを，可能な範囲で文章にして学級通信として発行する。こうすることで，保護者に学校の様子を伝えることができる。学校の様子を積極的に保護者に伝える姿勢が，保護者からの信頼を得ることにつながる。

学級通信の発行について留意すべき点の一つに、発行を定期的に行うことがある。特別な場合を除いて、1週間に一度程度、決めた曜日に必ず発行するようにする。特別な場合とは、クラスでよいことが起こったり、反対に問題が起こったりした場合を指す。この場合には、決めた曜日以外に発行することもありうるが、そのような場合にも初めから決めている曜日には、必ず発行することを徹底する。

　サイズはA4版が一般的である。B4版で発行する場合もあるが、自分が必ず週に一度発行することを徹底できるような書式で作成するという意識で、年度当初に具体的な計画を立てるとよい。個人情報の取扱いにも注意する必要がある。とくに写真を掲載する場合には注意が必要である。また、一部の生徒ばかりを紹介し、不公平感を感じさせてはいけないので、紹介の頻度について名簿などで確認し、配慮する。配布の前には、管理職や学年職員に見てもらい、内容を確認してもらう必要がある。学級通信は担任の責任で保護者に向けて発行する文書であり、不適切な内容があってはならない。生徒に配布する前日までに、管理職や同僚に手渡しをするか、一筆を添え机上に配って確認してもらうなどの習慣を付けることが有効である。

引用文献
文部科学省（2017a）「中学校学習指導要領」。
文部科学省（2017b）「中学校学習指導要領解説特別活動編」。

学習の課題

(1) あなたが中学3年生の学級を担任したと仮定し、学級活動の年間指導計画（35時間）を立案してみよう。
(2) 学級活動の学習過程に沿って、合唱コンクールの取組みを計画しよう。とくに、事前の取組みについて丁寧に書き出してみよう。

【さらに学びたい人のための図書】
河村茂雄（2010）『日本の学級集団と学級経営』図書文化。
　⇨Q-Uの開発者である著者が、学級集団の理想的な状態や構造と、その形成過

程について，また教師のリーダーシップについて記述している。
菊池省三（2011）『話し合い活動を必ず成功させるファシリテーションのワザ』学事出版。
　⇨話合い活動を充実させるファシリテーションの技術について，実例をもとにわかりやすく記述されている。
白松賢（2017）『学級経営の教科書』東洋館出版。
　⇨21世紀の学校教育に求められる「学級経営」のあり方について，その基礎的な理論と指導の実際がまとめられている。

（池原征紀）

第10章 高等学校における指導の実際

この章で学ぶこと
　高等学校における特別活動を考える際には，18歳から選挙権が行使できるようになったことを踏まえた「主権者教育」の視点が重要となる。それは社会で多様な人々とともに暮らし，よりよく生きるために必要となる資質・能力を育むことにもつながる。しかし，高等学校は義務教育である小中学校とは異なり，学校ごとの差異が多く存在する。本章では，その点を踏まえながら高等学校での特別活動の指導について考えていく。

1　年間指導計画と指導のポイントとは

（1）義務教育との違いと，高等学校での特別活動と主権者教育について
　義務教育である小中学校での特別活動は，「自分の生活から課題を考える」ことが望まれるため，その学校が存在している地域との関係や様々な環境の違いに応じてそれぞれの学校において特色のある取組みがなされている。本書においても様々な特徴をもった実践を紹介している。
　義務教育ではない高等学校は，学校ごとの違いが大きい。たとえば，教育課程では普通科だけではなく，専門学科や総合学科などの違いがあり，また定時制や通信制などの学校も存在する。通う生徒に関しても，一定の近隣の地域から通ってくるのではなく，広範囲から通学している。さらに高等学校には受験があることから，一定の学力の階層に分けられて在籍している。以上のことから考えても一般論として高等学校での特別活動を論じることは難しい。
　しかし，このように様々な状況にある高等学校においても，特別活動が目指すべきものは同様である。新学習指導要領では，第2章で説明されているよう

に目指すべき資質・能力が明示されている。その資質・能力の観点として示されたのは「人間関係形成」「社会参画」「自己実現」である。とくに、「社会参画」に関しては、18歳から選挙権が行使できるようになったため、「主権者教育」としての観点が高等学校の特別活動では重視されなければならない。生徒は高等学校3年生になり18歳になった時点で選挙権を行使することができるようになる。選挙権だけではなく、成人年齢の引き下げについても、民法等を改正する議論もなされている。このような社会の変化も捉えて、特別活動の指導をする必要がある。これまで「高校生だから」という理由で、生徒にやらせず教員が行ってきたようなことも、より積極的に生徒に任せ、様々な経験を積ませることで、生徒らが「なすことによって学ぶ」ようにしなければ、18歳の時点で主権者として行動できるようにはならないであろう。

(2) 高等学校における社会参画について

次にこの「社会参画」という観点についてガート・ビースタの論から考えてみたい(ビースタ, 2016)。ビースタは近年の教育に関する動向を分析し、多くの国の教育政策や教育実践において、PISAなどに代表される測定の文化が顕著に広がっているとしている。そのことによって、教育のプロセスの効率性にばかり焦点が置かれるようになってしまい、そもそもどのような教育が「よい教育」であるのかという問いが変化したと述べている。そこでビースタは、「よい教育」を考えるために、教育がもつ機能を「資格化」「社会化」「主体化」として捉えることを提唱している(ビースタ, 2016, 35〜39頁)。

これら3つの機能を簡単に説明する。たとえば、主権者教育を例にとると、これまで公民科を中心に行われてきたような、国会や内閣、裁判所などの制度や機能などに関する知識を学ばせることが「資格化」に関わる機能であり、生徒指導などで行われてきた、社会の規範を学ばせ、それを遵守するような態度を身に付けさせることが「社会化」に関わる機能である。そして「主体化」は、「社会化」に関わるような社会的規範を批判的に見つめ、新たな社会を創造するような資質を育むことに関わる機能である。

機能として特定のものが大切なのではなく，これらの3つのバランスが大切だとしているが，これら3つの中で「主体化」の機能が十分に行われてこなかったのではないかと述べている。

新学習指導要領では，今後の社会がこれまで経験したことのないような変化が起こる社会だとして，そのような変化に対応する力を付けることを求めている。つまり，先にあげたビースタの観点でいえば，「資格化」や「社会化」はこれまでの社会で成立しているものを前提にしているため，変化に富んだ社会に対応するためには，「主体化」の機能を教育にもっと取り入れる必要がある。

高等学校の特別活動では，小中学校での特別活動で得た経験を活用して，より生徒自身で様々な課題に取り組んでいくことが望まれる。このことは，先に述べた「主体化」の機能を大いに教育に取り入れることである。高等学校においてもその発達段階に合わせた「資格化」や「社会化」は当然必要なのであるが，小中学校で学んできた知識や態度や秩序に対して批判的な視点をもてるようにすること，つまり「主体化」の機能がより高等学校では必要となるだろう。

ここでは，「社会参画」について述べてきたが，「人間関係形成」「自己実現」に関しても，「主体化」の機能を生かす教育活動を考えることが望まれる。このように高等学校で取り組む特別活動は，生徒の成長に合わせて，小中学校よりも範囲が広く，質的にも充実したものにする必要がある。

（3）年間指導計画を作成する意義とは

これまで述べてきたように，高等学校における特別活動の指導は，教科の指導同様に，小中学校における特別活動の指導よりも，質的にも量的にも充実したものでなければならない。そのような指導は教職員の連携がなければ成り立たない。このことを考えるために表10-1をみてみよう。

表10-1は，主に学校行事を中心として年間に行われているものをあげたものである。学級担任は日常的な学級での指導の上に，これらの学校行事等を指導しなければならない。とくに，生徒の自主的な活動が増える高等学校では，昼休み，放課後の時間を生徒が活用して様々な活動を行っている。それらの活

表10-1 高等学校における学校行事の例

4月	5月	6月	7月	8月	9月
入学式 始業式 対面式 健康診断 生徒会役員選挙 避難訓練	遠足 スポーツテスト	体育祭 職場体験 人権講演会	終業式		始業式 修学旅行
10月	11月	12月	1月	2月	3月
文化祭 進路講演会	球技大会 後期役員選挙 芸術鑑賞会	終業式 スキー研修	始業式		卒業式 終業式

出典：筆者作成。

動を把握した上で，学級担任として適切な指導を行わなければならない。

　詳しくは次節でホームルーム運営について述べるが，担任は学校行事等を節目としてホームルーム指導にあたる。学校行事等を活動の目標として，また終了後に活動の振り返りを行いつつ，日常の生活と学校行事を結びつけて指導を行うことは，生徒にとって自分の生活するホームルームのことを考えるきっかけとなる。また，学校生活にメリハリがつきやすくもなる。

　しかし，そのような指導をすべて担任1人で準備して行うことは不可能といっていいだろう。そのため学校では，校務分掌によって特別活動の指導を分担して行っている。たとえば，入学式や卒業式の儀式的行事は学年担任団と教務部（校務分掌の名称や役割分担などは学校ごとに異なっているが一般的と思われる呼称を用いて説明する）を中心として企画・運営される。また生徒会活動に関わる指導は，生徒指導部や生徒会指導部の中で担当者を決めて行われる。進路講演会などの進路指導つまり，学級活動(3)に関わるのは進路指導部である。健康安全・体育行事であるスポーツテストや球技大会といった学校行事は教科である保健体育科が担う場合がある。このように特別活動の指導を計画するにあたっては，学校の様々な組織が担当を分担している。そのため教員がその学校の生徒の指導を行うにあたって共通認識をもつためには，必ず年間指導計画を作成

する必要があり，またその作成作業を通じて，各学校での特別活動の指導に対する理念を構築していくことが望まれる。これが，年間指導計画を作成する1つ目の意義である。

　高等学校は，中学校にもまして教員に教科の専門性が必要とされる。そのため，教科指導に対する意識が高く，役割分担の意識も高いのが高等学校の教員である。しかし，教科指導への意識の高さに反して，特別活動への意識が高いとはいえないだろう。学校現場では，先に述べたように校務分掌などの組織によって，特別活動に関わる指導を分担して行うことで，それぞれの指導が充実している可能性はある。しかし分担していることによって，互いに分担した指導内容がどのような関係にあり，またそれらが特別活動の指導としてどのように位置づいているのかがわかりにくくなる可能性もある。

　学習指導要領解説でも指摘されているが，特別活動の指導の中では，生徒指導や進路指導，キャリア教育や道徳に関わる指導，さらには人権に関わる指導など，教科以外に必要とされる指導が行われる必要がある。そのため，先ほど述べた年間指導計画の作成を通じて，どの時期に，どのような教育を生徒に行うのか，また同時期に他でどのような指導が行われているのかを踏まえながら，指導計画を議論し役割分担をしなければ，特別活動としての効果的な指導を学校として行うことはできないであろう。

　次に，年間指導計画を作成する2つ目の意義を説明する。それは3年間を見通した指導計画を考えることにある。年間指導計画は学年ごとに作成するが，それら3学年分を作成することは，学校が特別活動として生徒にどのような力を付けさせるのかを考えることになる。本章の冒頭でも高等学校は小中学校と異なり学校としての多様性をもつと述べたが，それぞれの学校では生徒の実態に合わせた教育活動がなされている。そのため担任として1年から3年まで担当し卒業させてみないと，その学校の教育活動によって，生徒がどのように成長するのかを把握することは難しい。しかし，教員としてそのような実感や経験がなくても担任としての教育活動は行わなければならない。自分が所属する分掌だけではなく，他の分掌組織が担う役割を通じて，3年間で生徒がどのよ

うに成長していくのかを考えることができるのが年間指導計画を作成する2つ目の意義である。

　たとえば，学校行事の運営を生徒が担う場合について考えてみれば，1年生と3年生が担う役割も異なる。当然そこで養おうとする資質・能力も異なる。学年が進むにつれて，関与する範囲が広がり，担う役割とそれに伴う責任も大きくなる。このことは1年生からの教育活動の積み上げがあってその意味をもつ。つまり，1年生の教育活動を計画するためには，3学年分の指導計画を作成することによって，育成しようとする資質・能力について，上級生の段階のものが「見える化」されることが必要となる。

　このように年間指導計画を作成することには，学校として，特別活動で育成しようとする資質・能力を3年間でどのように段階設定して教育していくのかを明示化できるという意義があるのである。

　最後に3つ目の意義は，年間指導計画は，特別活動指導の評価や振り返りに生かすことができるということである。特別活動の指導は，課題の発見からその問題解決のための話合い活動，そして実践と実践の振り返りという一連の流れすべてを見通して行わなければならない。表10－1を見ればわかるように，一つひとつの活動は1年間に1度しかないものが多い。そのため，活動の内容自体に対する振り返りから得られる修正は次年度新たなクラスにおいて活かすほかない。しかし，活動に対してどのように取り組んだのかについては，同年度のクラスで次の行事等の取組みへ生かすことができる。生徒自身は，それぞれの段階で行った自らの活動から，どのような教訓を得られたのかを振り返ることで学びを深めていく。教員は，振り返りまで行っている生徒の実践のすべてを教員という立場でメタ的に捉え，さらなる向上を目指して指導をしなければならない。そのためには，年間指導計画を活用することによって，生徒に次に行われる行事との関係で，振り返りの観点を設定することや，年間の目標と関連づけて振り返りを促すことが必要であり，教員自身も活動計画と実践後の生徒の姿を比べながら，計画に修正を加えて生徒へのよりよい指導へとつなげる必要がある。

このような指導を行いながら，教員自身は特別活動の指導力を向上させていかなければならない。特別活動は，入学時にある一定の知識水準を想定することができる教科の教育活動とは異なり，生徒の実態を想定することがかなり難しい。ホームルームにどのような個性をもつ生徒が集まり，どのような集団が形成されるかはそれこそ4月にホームルームに集まってからしかわからないことも多いであろう。しかし，年間指導計画を作成することは無駄にはならない。それは，この3つ目の意義である振り返りの過程を何度も繰り返すことによって，教員の指導力も養われるからである。

　以上のように本節では，小中学校とは異なった多様な高等学校における特別活動の意義をビースタの論を踏まえながら説明し，その多様な高等学校において年間指導計画を作成する意義を3点示した。ただし，これら3つの意義は，第1節で指摘した教育の「資格化」と「社会化」に関わるものである。教員が教育計画を立てる際には，生徒個人個人について想定することは難しい。残る「主体化」については，実際にホームルームを運営する際に担任教員として生徒の特性にあわせて，支援しなければならないだろう。それでは次節以降では，これらの意義を踏まえながら，学級担任として具体的にどのように特別活動の指導を行うのかについて説明していく。

2　ホームルーム運営の基礎基本

　本節では，具体的に学級担任として行う特別活動の指導について，とくにホームルーム運営という観点から説明する。前節でも触れたが，生徒たちは高等学校に「受験」を経て入学してきている。また義務教育段階とは異なった広域な地域から集まってきている。単位の取得をしなければ進級や卒業ができないなど学校制度もかなり変化する。そのような環境の変化の中で，それぞれの個性がはっきりと形づくられてきている高校生たちが，互いの違いを認め合いながら，様々な集団活動に取り組んでいけるようにするためには，その基礎となる集団としてのホームルームづくりが必要となる。

そこで，本節では新学習指導要領で示された3つの観点である「人間関係形成」「社会参画」「自己実現」を用いて説明することにする。

（1）高等学校のホームルーム運営のための配慮事項について

　高等学校での特別活動は，小中学校における様々な経験をもとにして指導する必要がある。しかし，義務教育ではない高等学校におけるホームルーム運営では様々な配慮が必要となる。まずはその配慮事項をまとめる。

　1つ目として，受験を経て高等学校へと進学していることである。高等学校卒業後の大学等への進学率が50％を超え，学校さえ選ばなければ高等教育段階への進学ができるような状況になり，「学歴」のもつ価値が相対的に低下しているといわれている。その反面競争的な環境は相変わらず存在している。ここでは大学等の受験を例にとって説明をしたが，このように相変わらず受験というものの影響は生徒にとって大きい。高等学校1年生のホームルームでは，自分の望みどおりの結果を得て，在学している生徒もいるが，そうではなく，望まない学校へと進学している生徒もいるのが現実である。

　また，受験を経ているため，高等学校は「学力」によって階層がつくられていたり，専門学科や単位制・定時制などのある一定の動機をもつ生徒たちが集まる集団によって構成されていたりする場所になる。このことは，ある意味で小中学校より生徒の多様性が失われているともみることができる。高等学校では受験によるこのような影響に配慮する必要がある。

　2つ目の留意点は，高等学校には多様な学校が存在していることである。生徒それぞれの進路に合わせた教育活動を行うため，中学校とは異なり，教科・科目の選択が増える。このことは，学習の基礎単位がホームルームだけではなくなるということを意味する。義務教育段階までは基本的に，学習する集団としての学級と生活の基礎集団としての学級が異なることは少なく，両者の指導を関係づけながら学級指導を行う必要があった。しかし，高等学校では教科・科目選択をすることから，学習集団がホームルーム集団と異なること，また学年が進むにつれて学習集団の数が増えるということがある。この点についても

配慮が必要である。

　さらに，教科・科目についていえば，担任教員自身でさえ自分のホームルームの教科指導が必ずしもできるわけではないという事情も存在する。たしかに，国語，数学，英語などの教科の教員は，自分の学年の教科・科目を担当することができることが多い。しかし，それ以外の教員は必ずしも自分自身の担任している学年の教科・科目を多く担当できるわけではない。つまり，ホームルームの生徒と実際に顔を合わせるのが，朝のショートホームルームの時間と，終礼の時間のみというような日も存在する。このような状態で，ホームルームの生徒の実態を把握し，適切な指導を行うためにはかなり工夫が必要となる。

　3つ目として，生徒自身の発達を考えたときに，それぞれの個性がかなりはっきりとしてきていることがある。個性がはっきりしているということは，物事に対する価値判断の基準が確立してきているということである。そうなれば，自分とは異なる価値観をもつ人が集まるホームルーム活動において，話合いを行い，折り合いをつけ，物事を決定していくということは難しくなっていく。また，第1点目の配慮事項である受験との関係でいえば，受験期に学力を他者と比較してしまうことで，その学力が自らの能力だと感じて自分の能力を自分で限定してしまい，物事にきちんと真正面から取り組むことを避けてしまう生徒も存在しうる。これらの点に配慮をしなければならない。

　以上のように，高等学校におけるホームルーム運営を行う際に，高等学校という段階に特有の指導上の配慮点を3つあげた。これらの事項に配慮しながら，教員はホームルーム運営を行う必要がある。それでは次に，ホームルーム運営における教員の指導について，考えていきたい。

（2）ホームルーム運営における教員の指導について

　前項で述べたように，高等学校におけるホームルーム運営は生徒に配慮しなければいけない事柄が様々に存在する。しかし，特別活動の視点から考えたときに最終的に目指すべきことは，生徒が個人として，また集団として，ホームルームを自分（たち）で運営できるようにすること，すなわち主体的，自治的

な能力をつけさせていくことである。

　第1節において強調したが，いわゆる18歳選挙権が実現している現在，高校生に自ら主体的に判断し，行動する資質・能力をつけさせていかなくてはならない。またそれは，自分自身だけのことを考えるような個人主義的なものではなく，自己と他者，あるいは自己と社会との関係を捉えて考えていくことができ，「自己実現」すること自体が，「社会参画」ともなるような生き方につながるよう自ら考え，行動していくことが望まれている。そのためには，その基盤となる集団を形成するための「人間関係形成」能力が必要となる。

　では，学校生活で様々な活動をする基盤となる集団＝ホームルームづくりをするために教員がしなければいけないこと，とくに，高等学校入学当初から1年生の終わりにかけての期間にしなければならないことについて，整理をしたい。

　基本的な考え方として，生徒たち自身でホームルームを運営していく力を身に付けさせることを最終的な目標として設定するのであれば，一般的に教員がもっているとされている権限をどんどん生徒に委譲する必要がある。ホームルームは，学校の他の集団，たとえば生徒会やクラブ，体育祭の学年縦割り団などとは異なり，もともと共通した目的があって集まっているわけではない。そのため，ホームルームでは，生徒たち自身が集団としての目標を設定し，日々の活動を通じて，自分たちが学校で生活をするために心地よかったり，またよりよい活動ができたりするような集団へと向上させていかなければいけない。

　そのような集団をつくっていくための原動力になるのが，「自分たちでなんでもできる・してもいい」という感覚である。この感覚を生徒にもたせるために，教員は生徒に権限を委譲するのである。

　しかし，前項で書いたように，入学当初の生徒たちは，人間関係ができておらず，また自己肯定感をもてていないため，権限を委譲したとしてもそれだけで生徒自身が主体的に活動を始めるわけではない。そこで教員の適切な指導が必要となるのである。

まず何よりも，教員がホームルームでの活動に関して生徒に「任せている」ということを示す必要がある。最初のうちは，中学校のとき，クラスで前に立った経験がある生徒がおそるおそるクラスをまとめようとするだろう。その生徒がクラスをまとめようとすることを，教員はサポートするのである。入学時の中学校から得られるデータや，入学式やその後のホームルームでの様子をしっかりと観察し，前に出てくれそうな生徒を見つけ，相談をもちかけるのである。入学直後に担任教員からお願いをされ教員のサポートがあれば，生徒は協力してくれるだろう。そしてそこで必要なことは，クラスをまとめるにあたって，想定される出来事を生徒と一緒に考えることである。そして起こりうる場面にどう対応すればいいのかヒントを与えながら，生徒自身が考えられるようにすることである。新学年が始まった初期段階は，このようにどんどん生徒と関わって，生徒が活動する場面で起こりうる問題をどのように解決すればいいのかについて，考える視点や考え方を生徒に提示することが必要である。このような指導があってこそ生徒が主体的に活動できるのである。このように生徒への関わりを他の生徒へも広げ，クラスで前に立って指示する生徒の数を増やし，そのような経験をする生徒を増やしていくのである。

　また，このような前に立つ生徒の指導だけではない。生徒同士をホームルームの中でどうつないでいくのかを考えなければならない。今回示された観点である「人間関係形成」は，以前の「望ましい集団」と同様，ただの仲の良い人間関係ではない。個性豊かな生徒集団において，ときには対立しながら意見を戦わせつつ，それぞれの特性を理解し，協力しながら活動できるような，人間関係を形成できる資質・能力を養わなければならない。そのためにはともに活動する場面をホームルームにつくる必要があるが，そこで教員がすべきことは，生徒の相互理解を進める取組みである。ここで図10-1をみてもらいたい。この図は，津村俊充が人が活動をする際に，実際に遂行している仕事の裏側には，その活動に従事している二者間あるいは，集団内に目にみえないいくつもの働きがあることを示したものである。たとえば，会話をするときには話の内容だけではなく，どのような表情，情況で話がされているかということに影響をう

第10章　高等学校における指導の実際

図10-1　コンテントとプロセスの氷山図

出典：津村, 2012, 10頁。

けるということである。

　このようにホームルームでの活動に関して，教員は活動の内容面への指導だけではなく，その背後で働いている生徒間の関わりの中で起こっていることに着目し，その働きについて指導する必要がある。このように活動の中で働いている関係性には，表面的にみえやすいものと，生徒の心の中で働いているみえにくいものがある。このみえにくいものを捉えるには，表情や話し方の変化など，生徒の変化を捉え分析するしかない。この分析を通じて，生徒間の「人間関係形成」の指導を行うのである。

　ホームルームの中によい人間関係が形成されてくれば，次は，より生徒の思いを引き出すことが必要となる。つまりクラスにおける「自己実現」への欲求を生徒から引き出すのである。このことは配慮事項でも述べたが，高校生にとってはかなりハードルの高いものである。自分の心の中の正直な思いを吐き出すことは，そのことが否定されれば自己肯定感が傷つくことになってしまう。それゆえ，クラスの中である程度人間関係ができてきた段階で，そのような「思い」を引き出すことが必要となる。

　この引き出した「思い」を，他者との対話の中で，よりよいものにつくり替え，また集団としての取組みへと組み入れていくことがホームルームでの活動として必要になるのであり，教員はその点を大切にして指導をする必要がある。

153

このように,「自己実現」への思いを,他者との関係の中で練り上げていくことが,「社会参画」へとつながる。ホームルームでの活動を通してこのように,新学習指導要領の観点と関係づけながら指導を行うことが必要である。
　ホームルーム運営では,このような考え方を基本として取り組んでいきたい。生徒個人,クラス集団の成長に合わせて,以上のようなプロセスをそれぞれの段階において,適切な課題を設定することが,自治的なクラスへと成長させていくことにつながる。

③ 学校行事とホームルームでの指導

　前節では,ホームルーム運営の基礎的な考え方について説明した。本節では,ホームルーム活動でも節目となる学校行事の計画段階,活動中,活動終了後,それぞれの段階での基本的な行事での指導について説明する。学校行事は節目となり,集団での活動となるため,ホームルーム集団としての力を育成するとともに,生徒個人個人が自分の活動の変化を考える機会となるものである。本節では,教員の指導について書くが,その内容は事前に生徒と打ち合わせをし,生徒が主体的に取り組むように段取りをすることが必要である。

(1) 行事の計画段階について
　学校行事における活動の内容を決める際には,クラスの生徒の力を合わせなければ達成できないような内容を設定することが大切である。そうすれば,クラス全員の生徒の協力が必要となる。ただ,高等学校では放課後に部活動やアルバイトなどがあり参加が難しい生徒も存在する。しかし,そのような生徒にも活動に対してどうすれば参加できるかを考えさせることによって,それぞれの立場を尊重しながら,個人の能力を生かし参加する方法を探ることができる。
　クラスの取組みに生徒の参加を促すためには,まず生徒それぞれがやりたいことをきちんと声に出して表明することが大切である。前節で説明したが,自分がやりたいことを口に出すこと,そして,他者の意見にも耳を傾け,互いに

尊重すること，このことをクラスでの小さな取組みでも大切にしながら活動していれば，大きな行事に向けての話合いでもそのような兆しがみえるはずである。日頃のクラス運営で培った生徒の力を発揮させる場面にしたい。

(2) 活動中について

こうして始まった取組みも，うまくいくことばかりではない。活動に熱が入れば当然，衝突も起こることになる。それまで，本音を出さずに互いの関係に踏み込まないようにクラスで行動していても，取組みに熱中し，その取組みが楽しいものであり，大切になれば，意見の対立が起こることになる。

しかし，このような対立関係は，教員にとっては指導のチャンスである。対立が起こったからといって，その対立自体を解消することを目的にしてはならない。この対立はこれまでみえてこなかったクラス内の人間関係について，生徒に考えさせる機会になる。

つまり，対立が起こったときに当事者同士の間に教員が仲裁役として入るのは，その場面を落ち着かせるためであり対立を深刻化させないためである。しなければならないのはそのような対立構造がなぜ起こっているのか，それはその当事者だけでなく，他のクラスのメンバーにも起こりうることだとしてクラスでの問題として取り上げて，考えるようにしたい。

問題を解決しようとしたとき，生徒が先に目を向けるのは，対立のきっかけとなった出来事になるが，対立が起こるのは，当事者同士の価値観の違いからくるものであったり，実は過去の出来事を引きずっていたりすることもある。誰にでも起こりうる対立構造を分析的に考えさせることも，学校行事のホームルームでの大切な取組みである。

(3) 活動終了後について

これまでのような取組みを進めれば，生徒たちは困難を乗り越えて，活動を成し遂げることができたという思いをもつことになるだろう。しかし，これで取組みを終わらせてしまってはいけない。特別活動の取組みは，「振り返り」

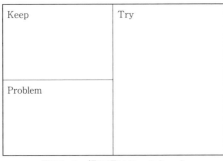

図 10-2　振り返りワークシート
注：このワークシートを利用しての振り返りは「KPT法」と呼ばれるものである。KPT とは「Keep」「Problem」「Try」の頭文字をとったものである。
出典：堀，2009，62〜67頁。

をきちんと行い，次の活動へとつながなければならないのである。

ただ，日本においては「反省をする」ということが，できなかったことを考え，改善策を考えるというような意味で使われることが多く，生徒たちは「振り返り」をすることによい思いをもっていないことが多い。

そこで，図10-2のようなワークシートを使って，振り返りを行いたい。このワークシートの特徴（堀，2009など）は，今回の活動でよかったこと・次も続けたいことを意味する「Keep」から始めることにある。たとえば，このようなワークシートを利用しての振り返りを，行事の取組みの活動班ごとで行い，互いの頑張りを認めることから始めることで，お互いのよさを再確認することにつながる。その上で，問題だったこと「Problem」を考え，次に取り組みたいことを意味する「Try」を考えることによって，生徒たちも「振り返る」ことの意味とそのよさをつかんでいくことになる。またこのような振り返り活動は一人で行わず，行事の活動班で行うなど，ここでも他者と一緒に考えることのよさを実感させるようにしたい。

以上のようなホームルームでの取組みを進めれば，生徒に主体性が身に付くことまた，集団として取り組むことのよさを実感し，そのことでホームルームでの自治的な活動を行うための資質・能力の育成につながることになるだろう。

引用文献
津村俊充（2012）『プロセス・エデュケーション──学びを支援するファシリテーションの理論と実際』金子書房。
ビースタ，ガート／藤井啓之・玉木博章訳（2016）『よい教育とは何か──倫理・政治・民主主義』白澤社。

堀公俊（2009）『わくわく会議』日本経済新聞出版社。

学習の課題

(1) それぞれの経験から学校行事を年表にし，それぞれの行事を通じてどのような力を生徒に育みたいか考えてみよう。
(2) ホームルーム運営におけるスタートとなる，クラス開きとその後の数回のホームルームについて，生徒が自治的な運営を行うために必要となる教員の指導内容を考えてみよう。
(3) 文化祭の出し物を決定するホームルームを運営すると想定し，その際に事前に関係する委員との相談において，想定される生徒の相談内容とそれに対する支援について考えてみよう。

【さらに学びたい人のための図書】

苅宿俊文・高木光太郎・佐伯胖編（2012）『ワークショップと学び1　まなびを学ぶ』東京大学出版会。
　⇨ティーチングからファシリテーションへと教育の方法の転換がいわゆるアクティブ・ラーニングに必要だといわれているが，その理論について学べる本である。

堀裕嗣（2012）『教室ファシリテーション　10のアイテム100のステップ──授業への参加意欲が劇的に高まる110のメソッド』学事出版。
　⇨ファシリテーションを授業で活用するための具体的な手法が学べる本である。ホームルームで生徒が主体的に活動するために事前に指導しておきたい内容が掲載されている。

（小原淳一）

第11章 キャリア教育と進路指導

この章で学ぶこと

新小学校および新中学校「学習指導要領」総則には，特別活動が学校教育全体を通して行う〈キャリア教育〉の要となることが示された。学習指導要領が改訂された視点には，「複雑で変化の激しい社会の中で求められる能力を育成する」ことがあげられているが，小学校から高等学校までの教育活動全体の中で「基礎的・汎用的能力」を育むキャリア教育を推進していくために，特別活動が果たす役割への期待は大きい。本章では，キャリア教育の概念およびキャリア教育の必要性について基礎的な考え方を学び，特別活動に求められているキャリア教育の学びについて理解を深めていく。

1 キャリア教育が推進される背景とキャリア教育で育てる力

「キャリア教育」という言葉は中央教育審議会答申「初等中等学校との接続の改善について」（1999（平成11）年）に登場したが，教員にとって馴染み深いものになってきたのは最近のことである。たとえば，2012（平成24）年に文部科学省国立教育政策研究所により実施された「キャリア教育・進路指導に関する総合的実態調査」によると，キャリア教育の推進が求められていることを知っている高等学校の教員は97.4％（「知っていた」76.1％，「何となく知っていた」21.3％）であるが，2005（平成17）年に実施された同調査の数値はその半分以下の40.0％である（文部科学省国立教育政策研究所，2013，250頁）。この間，急速に「キャリア教育」という言葉が広まったことがわかる。

では，なぜキャリア教育が推進されているのだろうか。「小学校・中学校・高等学校　キャリア教育推進の手引——児童生徒一人一人の勤労観，職業観を

育てるために」(文部科学省, 2006 (平成18) 年) によると, キャリア教育を推進する背景には, 大きく分けると2つ, すなわち「学校から社会への移行をめぐる課題」と「子どもたちの生活・意欲の変容」があげられている。前者には雇用システムの変化などの「①就職・就業をめぐる環境の激変」や社会の一員としての意識が希薄であるなどの「②若者自身の資質等をめぐる課題」が含まれる。また後者には, 働くことへの意欲の低下などの「①子どもたちの成長・発達

図11-1 社会的・職業的自立, 社会・職業への円滑な移行に必要な力の要素
出典:文部科学省中央教育審議会, 2011, 27頁。

上の課題」やモラトリアム傾向の高まりなどの「②高学歴社会におけるモラトリアム傾向」があげられている。

　以上のように, 社会と個人の両方の変化を背景にキャリア教育は推進されているのである。「今後の学校におけるキャリア教育・職業教育の在り方について (答申)」(文部科学省中央教育審議会, 2011 (平成23) 年1月31日) は,「社会的・職業的自立, 学校から社会・職業への円滑な移行に必要な力の要素」として,「基礎的・基本的な知識・技能」「基礎的・汎用的能力」「論理的思考力, 創造力」「意欲・態度および価値観」「専門的な知識・技能」をあげ, さらに「基礎的・汎用的能力」を「人間関係形成・社会形成能力」「自己理解・自己管理能力」「課題対応能力」「キャリアプランニング能力」の4つの能力に整理し, 図11-1のように図示している。

　今後, 各学校の教員は各学校の児童生徒の実態に即して, キャリア教育を推進する意味およびキャリア教育で育てる力の内容を学校全体で共有し, 組織的な取組みをすることが重要である。

2　小学校段階におけるキャリア教育

（1）特別活動とキャリア教育

　小学校におけるキャリア教育の要点は，将来にわたって明確な目標をもち自分に自信をもって生きていくために，日々の学校生活や教科等の授業，体験活動や行事の経験を通して学んだことや考えたことと，自分の将来とのつながりを見通す力や態度を育成することである。

　新小学校学習指導要領では，総則第4の1の(3)に「特別活動を要としつつ各教科等の特質に応じて，キャリア教育の充実を図ること」が示された。これを受けて，「第6章特別活動」の学級活動の内容に「(3)一人一人のキャリア形成と自己実現」が新設された。これまでの学級活動は，内容(1)，(2)の2つに分けられていたが，キャリア教育の視点から新たに(3)を設けて整理された。その(3)の内容をまとめると表11-1のようになる。

　学級活動(3)の学習過程は，学級活動(2)と同様に【①問題の発見・確認⇨②解決方法の話合い⇨③解決方法の決定⇨④決めたことの実践⇨⑤振り返り⇨次の課題解決へ】という流れで進める。

　特別活動における基本的な学習過程は，学級での話合いを通して，個人の目標を意思決定し，各自で実践する児童の自主的，実践的な活動となるように指導を進めることにある。(3)で扱う活動内容は，児童の現在および将来の生き方を考える基盤になるものであり，また学校全体の教育活動で行うキャリア教育や，個別の指導や支援，相談等との関連を図ることも大切になる。(3)における指導上の留意点としては，次の2点があげられる。

① 　特別活動が学校におけるキャリア活動の要としての役割を果たすことを踏まえる。すなわち，学校の教育活動全体の取組みを自己の将来や社会づくりにつなげていくための役割を，特別活動が担うようにする。

② 　小学校で扱う内容が，中学校，高等学校へつながる基礎的・汎用的能力を育むものであることから，単に夢をもつことや職業調べなどの活動のみ

表11-1 学級活動(3)の内容のまとめ

	育成を目指す資質・能力
ア 現在や将来に希望や目標をもって生きる意欲や態度の形成	学級や学校での生活づくりに主体的に関わり、自己を生かそうとするとともに、希望や目標をもち、その実現に向けて日常の生活をよりよくしようとすること。
イ 社会参画意識の醸成や働くことの意義の理解	清掃などの当番活動や係活動等の自己の役割を自覚して協働することの意義を理解し、社会の一員として役割を果たすために必要となることについて主体的に考えて行動すること。
ウ 主体的な学習態度の形成と学校図書館等の活用	学ぶことの意義や現在及び将来の学習と自己実現とのつながりを考えたり、自主的に学習する場としての学校図書館等を活用したりしながら、学習の見通しを立て、振り返ること。

出典:文部科学省,2017c, 46頁より。

にならないようにする。

以上の2点を踏まえ、次に、学級活動(3)の指導について述べる。

(2) 小学校のキャリア教育につながる学級活動(3)の指導

本項では、特別活動の基本的な活動過程に沿った具体的な事例をあげて、児童一人ひとりのキャリア形成と自己実現を目指した学級活動(3)の題材について説明する。

〈事例1 「5学年になってがんばることを考えよう」(第5学年)〉

本題材は(3)―ア「現在や将来に希望や目標をもって生きる意欲や態度」に位置づけられる。

ア) 問題の発見・確認:事前に児童や保護者に「5年生になって楽しみなことや心配なこと」についてアンケートを実施し、本時で使う資料を作成する。授業の前に作成した資料を配布し、児童が自分以外の友達の思いがわかるようにしておく。

イ) 解決方法の話合い:授業の初めには、1年間の生活への期待や不安について話し合う。児童一人ひとりが、話合いを通して期待感や不安感を共有することで、みんなでよりよい学級づくりにがんばろうという気持ちを高めることができる。次に、学級担任は「5年生として目指す理想像」「学級づくりの方針」や「5年生の学習や諸活動」等について資料に基づいて話し、児童たちはその話をもとに、「こんな学級にしたい」「こんな活動をしてみたい」といった「理想の

5年生の生活」について話し合う。この話合いでは，児童各自が目指すべき「理想の5年生の生活を実現する自分」を描けるようにすることが大切である。

ウ) 解決方法の決定：最後に，イの話合いをもとに，児童一人ひとりが「この1年間でがんばること（自己目標）」を自己決定できるようにする。そして決めた自己目標は，カードやワークシート，「キャリア・パスポート」等に記入し，教室掲示にしたり，ポートフォリオを作成したりして，目標達成のための実践に向けて，意欲を喚起するようにする。

エ) 決めたことの実践⇨⑤振り返り⇨次の課題解決へ

　学級活動の時間に授業として取り扱うのは，主として③の活動であるが，自主的，実践的な活動が重要とされる特別活動では，児童本人が決めた自己目標の実現を目指した日々の実践活動が重要である。また，実践活動を振り返り，自分の成長を確認したり，今後一層努力が必要なことを自覚したりすることができる活動も大切にしなければならない。目標の振り返りの活動は，各学期末や学年末などに，学級活動(3)の題材として位置づけて取り組むようにする。振り返り活動で見出された課題は，次の学期や学年の新たな目標として設定することができる。

小学校では，年度初めや学期初めに児童一人ひとりに「〇学期にがんばること」を決めてワークシート等に書かせて教室に掲示するという活動が広く行われてきた。これらの活動について，今後は，単にがんばる目標を個別に考えて書くだけではなく，学級としての目指す「〇年生の理想像」について話し合い，児童が自ら努力する目標を個人決定できるような取組みに高めていくことが求められる。このような活動を通じて，児童には，生活づくりに主体的に関わり自己を生かそうとする意識や，希望や目標をもち，その実現に向けてみんなと一緒にがんばろうとする意欲や態度が養われる。

〈事例2 「係の活動を工夫しよう」（第4学年）〉

　本活動は，(3)―イ「社会参画意識の醸成や働くことの意義の理解」に位置づけられる。

ア) 問題の発見・確認：本題材は，係活動が始まって1～2カ月した頃に設定する。事前準備として，係活動についてのアンケートを実施する。内容は，「①自分の係の仕事内容や仕事ぶりについて」「②自分以外の係について，がんばっていることや学級生活に役に立っていること」の2点である。学級活動の授業の前に，実施したアンケート結果を児童に配布し，学級の係活動に対する相互評

価について知らせる。

イ）解決方法の話合い：授業では，初めに事前のアンケート結果をもとに，それぞれの係の活動についての相互評価をみて気づいたことやわかったことについて話し合う。そして，学級の生活を楽しくしたり気持ちよく過ごせたりすることに役立っている係があることや，活動状態が悪かったり不十分であったりしている係があることに気づくようにする。学級生活に役立つ活動をしている係は，みんなから感謝されたり，係の存在意義を認められたりするが，活動が停滞している係は，逆に課題を指摘される。大切なことは，単にそれぞれの係の活動状態を批判し合うではなく，どの係も，学級目標を達成し，学級生活を豊かで充実したものにするために必要な役割を担っていることに気づかせることである。そのような話合い活動を進めることで，次の「ウ）解決方法の決定」の過程に進めることができる。

ウ）解決方法の決定：学級全体で係活動についての相互評価をしたら，次は，係ごとに分かれての話合い活動を行う。ここでは，自分たちの係が，より学級生活に役に立つような活動内容（たとえば，係の仕事分担の見直しをしたり，活動内容の広報ポスターをつくったりする等）を工夫するように支援する。

エ）決めたことの実践⇨⑤振り返り⇨次の課題解決へ

先述したように見直した係の活動には，児童の自主的，自発的な活動への意欲を継続するための活動時間や活動場所を保障するなどの支援が重要になる。このような支援や指導によって，児童たちの意欲的な活動が継続し，学期末の振り返り活動を経て，次の学期の係活動へとつながっていく。

以上あげた事例のように，学期当初に決めた係活動について学期途中で相互評価し，自分の活動が学級で役立っていることがわかることで，児童は自己の役割を自覚して協働することの意義を体験的に理解することができる。また，係活動を活性化させる工夫を考え実践することで，社会の一員としての役割を果たすために必要なことについて主体的に考え行動することのできる力が育つのである。

本節では，キャリア教育につながる小学校の学級活動(3)の内容のうち，希望や目標をもって生きる意欲や態度の育成と社会参画意識の醸成について説明した。次節では，中学校におけるキャリア教育について述べる。

③　中学校段階におけるキャリア教育

（1）新学習指導要領に位置づけられたキャリア教育

　新中学校学習指導要領第1章総則第4の1の(3)では，前節の小学校と同様に次のとおりキャリア教育が示された。「生徒が，学ぶことと自己の将来とのつながりを見通しながら，社会的・職業的自立に向けて必要な基盤となる資質・能力を身に付けていくことができるよう，特別活動を要としつつ各教科等の特質に応じて，キャリア教育の充実を図ること」。

　キャリア教育は学校教育全体で行うことが前提であるが，中学校の特別活動では学級活動(3)として，これまでに進路指導の学習内容を担当してきた。

　しかしながら，義務教育最終段階にある中学校は，卒業後の進路決定に向けた進学指導に偏りがちとなる傾向がみられた。また，2006（平成18）年度に経済産業省が「社会人基礎力」という新しい概念を提言しているが，その背景には，中学校から大学までを含む新卒社会人の高い離職率や，定職に就かない若者の増加に対し，学校教育への新たな要求という側面もあったと思われる。中学校では，生徒のキャリア発達を踏まえたキャリア教育をどのように理解して特別活動で取り組んでいったらよいか，このことについて考えていく。

（2）キャリア形成と学級活動(3)で育む資質・能力

　「中学校学習指導要領解説特別活動編」では「キャリア形成」を次のように説明している。「社会の中で自分の役割を果たしながら，自分らしい生き方を実現していくための働きかけ，その連なりや積み重ねを意味する。これからの学びや生き方を見通し，これまでの活動を振り返るなどして自らのキャリア形成を図ることは，これからの社会を生き抜いていく上で重要な課題である」。これを踏まえ，学級活動(3)では，以下の資質・能力を育成することが例示されている。

> ○社会の中で<u>自分の役割を果たしながら</u>，自分らしい生き方を実現していくことの意義や，<u>現在の学習と将来の社会・職業生活とのつながりを考えるために，必要な知識及び技能を身に付ける</u>ようにする。
> ○現在の自己の学習と将来の生き方や進路についての課題を見いだし，<u>主体的に学習に取り組み，働くことや社会に貢献することについて，適切な情報を得ながら考え，自己の将来像を描く</u>ことができるようにする。
> ○将来の生き方を描き，現在の生活や学習の在り方を振り返るとともに，<u>働くことと学ぶこと</u>の意義を意識し，社会的・職業的自立に向けて自己実現を図ろうとする態度を養う。
> （下線は筆者加筆）

上に引用した資質・能力を育成するための指導について，次の2点が配慮事項として示されている。まず，キャリア教育は学校の教育活動全体で行うこと。次に，学級活動(3)の内容は，〈小学校から高等学校へのつながり〉を考慮しており，〈教育活動全体の中で基礎的・汎用的能力を育む〉ことから，「職場体験活動などの固定的な活動だけにならないようにすること」が指摘されている。

学級活動(3)に関する内容には，次のものがあげられている。

> ア）社会生活，職業生活との接続を踏まえた主体的な学習態度の形成と学校図書館等の活用
> イ）社会参画意識の醸成や勤労観・職業観の形成
> ウ）主体的な進路の選択と将来設計

また，上に示したア〜ウの実施上の留意点が以下のとおりあげられている。

> - 行事の<u>内容に応じて各教科，道徳科，総合的な学習の時間などの指導との関連を図り</u>，学校教育全体として豊かな教育活動を構築する。
> - 事前の活動や，<u>事後のまとめや発表などを工夫し</u>，体験したことがより深まるような活動を工夫する。
> - 職場体験活動は，<u>学校教育全体として行うキャリア教育の一環として位置付け，自己の能力・適性等についての理解を深め，職業や進路，生き方に関わる啓発的な体験が行われるようにする</u>。また，高い教育効果が期待されることから，学校の実態や生徒の発達の段階を考慮しつ一定期間（例えば1週間（5日間）程度）にわたって行われることが望まれる。

> - 生徒の発達の段階や特性，これまでの経験などに留意しながら，<u>生徒の入学から卒業までを見通した学校としての計画的，系統的な教育活動の展開を図る</u>ようにする。
> - 学校行事における<u>ボランティア活動は，ボランティア教育（ボランティア学習）を含めた教育活動として広く捉えられる</u>。
>
> （※筆者により部分要約して引用。下線は筆者加筆）

4 高等学校段階におけるキャリア教育と進路指導

（1）進路指導からキャリア教育へ

　高等学校の学習指導要領に「キャリア教育」という用語が登場したのは，2009（平成21）年3月に告示された学習指導要領においてである。同学習指導要領「総則」「教育課程の編成・実施に当たって配慮すべき事項」に以下の記述がある。

> 　4　職業教育に関して配慮すべき事項
> 　(3)学校においては，<u>キャリア教育</u>を推進するために，地域や学校の実態，生徒の特性，進路等を考慮し，地域や産業界等との連携を図り，産業現場等における長期間の実習を取り入れるなどの就業体験の機会を積極的に設けるとともに，地域や産業界等の人々の協力を積極的に得るよう配慮するものとする。
> 　5　教育課程の実施等に当たって配慮すべき事項
> 　(4)生徒が自己の在り方生き方を考え，主体的に進路を選択することができるよう，学校の教育活動全体を通じ，計画的，組織的な進路指導を行い，<u>キャリア教育</u>を推進すること。
> 　　　　　　　　　　　　　　　　　　　　　（下線は筆者加筆）

　また，同学習指導要領「第5章　特別活動」の目標には「人間としての在り方生き方についての自覚を深め，自己を生かす能力を養う」とあり，さらに「第2　各活動・学校行事の目標及び内容」のホームルームの内容(3)「学業と進路」には「ア　学ぶことと働くことの意義の理解　イ　主体的な学習態度の確立と学校図書館の利用　ウ　教科・科目の適切な選択　エ　進路適性の理解

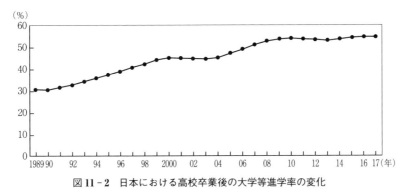

図11-2 日本における高校卒業後の大学等進学率の変化
出典：文部科学省，2017aより。

と進路情報の活用　オ　望ましい勤労観・職業観の確立　カ　主体的な進路の選択決定と将来設計」と記載されている。

以上の2点からわかることは，キャリア教育は学校の教育活動全体を通じて行われるものであり，進路指導はキャリア教育の一環として特別活動のとくにホームルーム等を利用し実施することが求められているということである。そこで，次に，とくに特別活動で取り扱う進路指導に絞って考えてみよう。

(2) データでみる進路

高等学校を卒業する生徒の進路状況はどのようになっているのだろうか。毎年，文部科学省により発表される「学校基本調査」の2017（平成29）年度確定版によると，大学・短期大学進学率（現役）は54.8％，このうち大学（学部）進学率（現役）は49.6％，専門学校進学率は16.2％であり，卒業者に占める就職者の割合は17.7％であった。図11-2は「大学等進学率」の変化を表している。

図11-2からは，この約30年の間で，大学等（短大や各通信教育部を含む）に進学していく生徒の割合がおよそ倍増していることに気づくだろう。少子化の時代にあって，大学進学者数もまだ増加傾向にある。かつては，高等学校を卒業したら就職するのが当たり前の時代もあったが，現在は，2人に1人は大学

等に進学する時代である。学びたい者の多くが学べる時代になったということは喜ぶべきことだろう。ただし，たとえば返済型奨学金に頼って進学したために，大学卒業後，奨学金の返済ができなくなる等の諸問題が指摘されている。今後，返済が不要な奨学金の充実が望まれるが，高等学校教員はそのような経済的な問題等も視野に入れ，進路指導をしなければならないという状況があることを認識しておかねばならない。

　また，高等学校卒業後の進路は中学校卒業後と違い，学校による差が大きいことも特徴である。生徒のほとんどが大学に進学する高等学校もあれば，ほとんどが就職する学校もある。ほかにも，たとえば都道府県によっても進学率は大きく異なる。同調査によると2017（平成29）年度の高等学校（全日制・定時制）「卒業後の状況調査」からは，大学等進学率が最も高いのは京都府の66.2％であり，最も低いのは39.5％の沖縄県である。その差26.7ポイントは大きな差である。一概にはいえないが，関東や関西地方は進学率が高く，九州や東北地方は概して進学率が低い傾向にある。このように，学校や地域によっても進学率は大きく異なるのである。

（3）高等学校（とくに普通科）における進路指導の実際

　進路指導は，「生徒の個人資料，進路指導情報，啓発的経験および相談を通して，生徒自ら，将来の進路の選択・計画をし，就職または進学して，さらにその後の生活によりよく適応し，進歩する能力を伸張するように，教師が組織的・継続的に援助する過程」（文部省，1961）である。また，従来，進路指導は，①生徒理解・自己理解，②進路情報の提供，③啓発的経験，④進路相談，⑤就職や進学における援助，⑥卒業者の追指導の6つの活動からなるとされている（文部省，1961）。以上の定義や活動は中学校と重なるところも多いが，高等学校におけるそれぞれの活動について，筆者の高等学校教員としての経験をもとにみていこう。

① 生徒理解・自己理解

　生徒理解は教員の活動であり，自己理解は生徒の活動である。高校生といっ

ても，自分の興味関心がどこにあるのか明確に答えられるものは多くはない。高等学校3年間の様々な経験を通してそれを探すのである。それゆえ，高等学校1年生のときの自己理解と3年生のときのそれとは違うものだと考えるのが自然である。たとえば，特別活動のホームルーム活動を通して，自己に向き合う経験をもたせ，自己理解を促す活動を取り入れるとよいだろう。また，教員の活動としては，このような活動を通して知りえた情報や生徒や保護者との面談を通して知りえた情報をポートフォリオとして収集し，進級時にその情報を次の学級担任に引き継ぐことが大切である。生徒は自己理解，そして自己受容をして初めて，将来の目標を明確にもつことが可能となる。

② 進路情報の提供

学級には様々な進路情報が主に進路指導部を通してやってくる。大学の情報や就職先の情報などがそれである。たとえば，高等学校には数多くの大学，専門学校の教職員が訪問し，進路指導部教員や3学年担当教員に新しい情報を提供，説明している。次々に情報が舞い込んでくるため，面倒に思われることもあるが，ここで得られた情報を適切に共有することが必要となる。大学や専門学校の訪問者から渡された資料を，どの生徒も見ることができる進路指導コーナーに置いたり，新しく知りえた情報が役に立つ生徒がいないかどうか，3学年担当教員全体に情報共有する場を設けたりするなどが必要である。とくに，大学のオープンキャンパスのチラシなどは，適宜掲示するなど，見やすい場所に設置するとよい。また，進路指導関係の雑誌等も発行されている。それらの雑誌を各クラスに設置したり，図書館に入れたりするなどして，生徒たちがいつでも手にとれる環境を整備することが大切である。同時に，進路の情報を提供するだけでなく，生徒自身が正しい進路情報を得られるよう，進路情報取得の方法を指導することも必要である。インターネット上の進路情報の活用の仕方等をホームルーム活動の時間に指導することも考えられる。

③ 啓発的経験

近年，中学校での職場体験は一般的となりつつある。たとえば，兵庫県が行っている「トライやる・ウィーク」は，阪神・淡路大震災や児童殺傷事件を

背景に，子どもたちが自分の生き方をみつけられるような支援として始まり，特別活動の時間を中心に2018年現在も実施されている。

このような体験活動の充実は高等学校でも広まりつつある。就業体験など将来の職業に関わる体験活動を実施している担任は，全体の約6割を占める（文部科学省 国立教育政策研究所生徒指導・進路指導研究センター編，2016）。たとえば，兵庫県立猪名川高等学校（普通科）では，生徒の興味・関心に合わせ，3～5日間のインターンシップを実施している。このような経験を踏まえ，生徒は自分自身の興味・関心と改めて向き合うことができる。

また，このほかの特別活動の諸活動における，多様な他者との関わりは，自分自身の生き方・あり方を問い直す，よい機会となる。これらの啓発的な機会を多くの生徒に与えることが重要である。

④ 進路相談

以上のような活動を通して，生徒たちは自己理解を深め，自分の生き方・あり方と今後の進路について一定の考えや希望をもつようになっていると考えられる。そして高等学校2年生の後半から3年生にかけて，担任教師と生徒との間で進路相談を実施する。その際，担任教師は，生徒が希望する進路について，生徒が周りに流されることなく自らの意思で希望しているのかどうかを確かめることも必要である。本人の意思を確認した上で，保護者を交えた三者面談を実施し，保護者の同意，理解を得ることも重要である。

⑤ 就職や進学における援助

希望の進路が決定した後には，入学試験の要項や入社試験のエントリー等に必要な情報を本人が取得するのを援助することも必要である。学校が準備する生徒の成績等の書類については，必要数を学校事務の協力を得て作成する。また，試験に面接が必要な場合には，他の教員の協力を得ながら，面接の練習を実施するなどの援助も考えられる。

⑥ 卒業者の追指導

卒業者の追指導は，卒業生が進路先に適応できるよう支援することである。本来，追指導を実施しなくてよいように，事前にしっかりとサポートを実施し

ておくことが望ましいが，実際には進路先で不適応を起こすこともある。その際には，適宜必要な情報を提供するなどのサポートを行うことも考えておかなければならない。

引用文献
文部省（1961）「中学校　進路指導の手引き　[学級担任編]」。
文部科学省中央教育審議会（1999）「初等中等学校との接続の改善について（答申）」。
文部科学省（2006）「小学校・中学校・高等学校　キャリア教育推進の手引——児童生徒一人一人の勤労観，職業観を育てるために」（http://www.mext.go.jp/a_menu/shotou/career/070815/all.pdf　2017年10月26日アクセス）。
文部科学省（2009）「高等学校学習指導要領」。
文部科学省中央教育審議会（2011）「今後の学校におけるキャリア教育・職業教育の在り方について（答申）」。
文部科学省国立教育政策研究所生徒指導・進路指導研究センター（2013）「キャリア教育・進路指導に関する総合的実態調査第一次報告書」。
文部科学省 国立教育政策研究所生徒指導・進路指導研究センター編（2016）『変わる！　キャリア教育——小・中・高等学校までの一貫した推進のために』ミネルヴァ書房。
文部科学省（2017a）「平成29年度学校基本調査について（報道発表）」。
文部科学省（2017b）「小学校学習指導要領」。
文部科学省（2017c）「小学校学習指導要領解説特別活動編」。
文部科学省（2017d）「中学校学習指導要領」。
文部科学省（2017e）「中学校学習指導要領解説特別活動編」。

学習の課題
(1) 従来から行われてきた「〈今学期がんばること〉について考える活動」を，キャリア教育の内容に高めるために留意すべき点をまとめてみよう。
(2) 進学指導，進路指導，キャリア教育のちがいについて整理してみよう。
(3) 高校生の就職意識について，どのように考えている生徒がいるのか，データを調べてみよう。また，自分自身の高校時代を振り返り，データと見比べてみよう。

【さらに学びたい人のための図書】
文部科学省 国立教育政策研究所生徒指導・進路指導研究センター編（2016）『変わる！　キャリア教育——小・中・高等学校までの一貫した推進のために』ミネル

ヴァ書房。
⇨全国規模の質問紙調査の結果をもとに，事例を交えながら，小・中・高等学校ごとにわかりやすくキャリア教育の進め方が解説されている。

文部科学省国立教育政策研究所生徒指導・進路指導研究センター（2013）『「キャリア教育」資料集　研究・報告書・手引編　平成24年度版』。
⇨キャリア教育が学習指導要領に位置づけられるまでの研究・報告書等がすべて収められている資料集であり，1999（平成11）年以降から今日に至るまでの変遷を確認することができる。

（中村　豊，岡邑　衛，秋山麗子）

第12章 特別な支援や配慮を要する児童生徒

この章で学ぶこと

　学校教育法に「特別支援教育」が位置づけられ10年が経とうとしている。それは従来の特殊教育ではなく，特別な支援を必要とする児童生徒すべての教育であることから，多様な障害の状態に応じた支援の方法が教室に広がっている。

　しかし，学級における指導に苦戦している教師も少なくない。また，指導の方法を誤ると，不登校や学級崩壊へつながることもある。本章では，特別支援教育の課題を「特別支援教育とインクルーシブ」「一人ひとりの児童生徒の人権を尊重することの大切さ」「問題行動等生徒指導上の諸課題を抱える児童生徒」の3点から，具体的な事例をあげて検討していく。

1　特別支援教育とインクルーシブ

（1）インクルーシブ教育とは

　特別支援教育は，2007（平成19）年から始められた。それ以前は，特殊教育や障害児教育といわれ，教育の特殊性から通常教育と分けられてきた。

　日本は2007年9月に「障害者の権利に関する条約」に署名を行った。条約とは，文書による国家間の合意であり，国家間または国家と国際機関との間で結ばれる法的な合意である。これに署名するということは，国際的な約束に日本も合意するということである。しかしながら，署名後の批准に必要な国内法整備に時間がかかり，2014（平成26）年1月にようやく批准するに至った。その間に，障害者基本法が改正され，障害者の定義や，共生社会に向けた目指すべき方向が示された。また，インクルーシブ教育システム構築に向けた特別支援教育の推進が中央教育審議会（以下，中教審）から報告され，学校教育法施行

令の一部が改正された。

　2014年の批准後の日本は，国連加盟国140番目の批准国となり，世界水準に並ぶことになった。つまり，日本は条約を締結したことで，学校教育においても障害者の権利の実現に向けた取組みを一層強化することになったのである。次に，学校教育に関連する変化について述べる。

　まず，2006（平成18）年6月に学校教育法等の改正が行われ，障害のある幼児および児童生徒の教育の充実を図るため，従来までは障害種別ごとに設置されていた盲・聾・養護学校の制度を，複数の障害種別を教育の対象とすることのできる「特別支援学校」の制度に転換することが法律上明確に規定された。

　それ以降，日本の学校教育は特別な支援を必要としている児童生徒を主役とし，一人ひとりの教育的ニーズに応じて彼らの自己実現を支えていくための教育へと切り替えられていったのである。障害のある幼児および児童生徒の自立と社会参加に向けて，一人ひとりの教育的ニーズに応じた適切な教育を行うための体制づくりや，学校間の連携などの取組みが進められていった。

　2012（平成24）年に中教審は「共生社会の形成に向けたインクルーシブ教育システム構築のための特別支援教育の推進」を答申した。そこでは，共生社会の形成に向けたインクルーシブ教育の考え方として，「障害のある子供が，その能力や可能性を最大限に伸ばし，自立し社会参加することができるようにすること。可能な限り共に学ぶことができるよう配慮すること。障害のある人や子供と共に学び合い生きる中で，公平性を確保しつつ社会の構成員としての基礎を作っていくこと」が示された。これにより，障害のある児童生徒と障害のない児童生徒が，できるだけ同じ場でともに学ぶことを目指し，それぞれの児童生徒が，授業内容がわかり学習活動に参加している実感・達成感をもちながら，充実した時間を過ごしつつ，生きる力を身に付けていけるようにすることが本質的な視点であり，そのための環境整備が課題となった。

（2）学校教育現場の現状

　近年の学校現場では，特別な支援を必要とする児童生徒が増えてきている。

文部科学省が実施した2012（平成24）年の調査では，学級に6.5％程度在籍しているといわれているが，実際には，それ以上に特別な支援を必要としている児童生徒が学級にいると感じている教師は少なくない。このことは，特別支援学校の生徒数が年々増加していることや，通級指導を受けている児童生徒が増加していること，高等学校でも通級指導を行うようになったことなどからもうかがえることである。

また学級では若い教師が，指示が通らない児童生徒に悪戦苦闘し，学級経営が成立しにくい状態に不安を抱きながら，自分の指導力のなさを感じ，戸惑っている状況がある。これからの教師には，特別な支援を必要としている児童生徒の特性を理解し，その特性に合った支援をする指導技術を身に付け，特別な支援を要する児童生徒とともに良き学級集団をつくっていくことが求められている。

（3）発達障害の理解

発達障害とは脳機能の発達が関係する障害で，発達障害を抱えている人は，コミュニケーションや対人関係をつくることが苦手である。また，その行動や態度は「自分勝手」「変わった人」「困った人」などと誤解され，敬遠されることも少なくない。それが，親のしつけや教育の問題ではなく，脳機能の障害によるものだと理解すれば，周囲の人の接し方も変わってくる。まずは，発達障害を抱えている人を理解するために，自閉症スペクトラム，学習障害，注意欠如多動性障害等，主な発達障害の特徴，障害の程度や年齢（発達段階），生活環境などによっても症状は違ってくることを理解することが必要である。

（4）2017年改訂学習指導要領の中での位置づけ

新学習指導要領では，インクルーシブ教育の構築に向け，一人ひとりの能力を最大限まで高める教育が目指されている。このことについて以下に述べる。

1点目は，すべての教科で「合理的配慮」が必要となり，学習活動を行う場合に生じる困難さに応じた指導内容や指導方法の工夫を計画的，組織的に行う

こと。2点目に，通級による指導と特別支援学級について，教育課程編成の基本的な考え方が，通級による指導とは障害の程度が比較的軽度で通常の学級に在籍しながら苦手さに応じた特別の指導を特別の場（通級指導教室）で行うことと示された。3点目は個別の教育支援計画と個別の指導計画の作成と効果的な活用である。

　インクルーシブ教育が推進される現在，特別支援教育はすべての児童生徒の教育的ニーズをしっかりと把握し，そのもてる力を高め，生活や学習上の困難を改善または克服するため，適切な指導および必要な支援を行うものである。それゆえに障害の有無にかかわらず，学習や学校での生活に困難を感じている児童生徒も対象に含まれ，特別支援学級だけではない，すべての学級担任に関わる教育になってきている。

（5）特別支援教育の実際
　ここでは，具体的な支援の方法について以下に紹介していく。
① 一人ひとりを理解する（アセスメント）
　一人ひとりの顔が違っているように，児童生徒一人ひとりの特性も違っている。まずは，児童生徒理解から始めることが必要である。そのためには一人ひとりをよく観察すること。授業中，集中している時間はどれくらいか。こちらの指示を理解しているのか。休み時間は，誰とどんなふうに遊んでいるのか。友達関係はうまく築けているのか。興味のあるものは何か。観察すると，その子がどのような行動をし，特性があるのかがよくわかる。さらに，家庭環境，成育歴などもぜひ家庭訪問などで聞いておきたい。いまの状況だけではなく過去の担任から聞くことも情報収集の一つである。これらのアセスメントにより，児童生徒の強み弱みを理解し，強みの部分（好きなこと・興味のあること・得意なこと）を用いて活躍の場を設定することが方法の一つである。また，弱みの部分（苦手なこと）はなぜできないのか，どうしたらできるようになるのかを分析し，一緒に解決する努力をすることで教師との信頼関係も生まれる。

② 学級集団をつくる

　学級集団では，どの児童生徒にとっても居心地の良い場であることが必要である。居心地の良い集団とは，存在感があり，お互いが認め合え，安心して生活できる学級である。

　落ち着いた雰囲気の学級をつくるために気をつけたいことの一つは，学級や学年のルールを明確でわかりやすい基準にすることである。たとえば，教室の構造化を図り，道具類が置きやすくなるような棚を整備するだけでなく，視覚支援を用いて，何を置くかがわかるように表示することもルールの明確化である。また，一日の流れがわかるようなボードを用意したり，1時間の学習の流れを示したりすることで見通しをもって活動や学習に取り組める。特別な支援を必要とする子どもたちは，パターン化されたことで見通しがもて，わかりやすい教室配置により，とても過ごしやすい空間となり，情緒も安定してくる。

③ 授業のユニバーサル化

　一日の大半を過ごすのが，授業時間である。支援を必要とする児童生徒のために，特別な支援を行うことにより，クラスみんながわかりやすい授業となることが，みんなの特別支援教育といわれる所以である。そこで，主なユニバーサル化の授業について以下に述べる。

　まずは，児童生徒がわかりやすい「めあて」を与え，発問や説明は，端的にすることが大切である。特別な支援を必要とする児童生徒にとって，今日の「めあて」で何をすればよいかがわかると，1時間の見通しがもて，学習に取り組みやすい。授業の導入では，興味を引く内容から入ることも大切であるが，教科に応じて授業をパターン化することや活動の流れを示すことも一つの支援である。さらに，板書に決まりをもたせることがよい。また，できたことをほめる，具体的に指導する，追い詰めるような言い方をせずどうすればよいかを示すなどにも気をつけたい。わかって当たり前の暗黙の了解がわからない児童生徒にとって，「いつも言っているでしょ」「どうしたらよいか自分で考えなさい」というような抽象的な言葉は，理解が難しく，さらに混乱を招く恐れがある。

④ より良い人間関係の構築を目指す

　学級が落ち着いてくると，お互いに相手の良いところを認め合うことができるようになる。そうすれば，集団活動もスムーズに進めることができる。人とコミュニケーションがうまく取れること，自分の役割がわかること，見通しをもった行動ができることなど，社会生活上のマナーの中で，それぞれの力をつけると，より良い人間関係も構築できるようになる。

　「みんなで活動すれば楽しい」「自分の役割を最後までしたことでほめてもらえた」「みんなで協力し合ったことで，うまくいった」などの成功体験を増やすことで，「次も頑張ろう」「またやりたいな」という達成感からの意欲がわいてくる。これが自尊感情を高めることである。この経験を多く積み上げることが教師の役割である。学校行事や学級活動の中で，自分たちでやり遂げた経験を増やすこと。そのために教師は，一人ひとりの特性に配慮した計画で進めていくことが重要である。

2　一人ひとりの児童生徒の人権を尊重することの大切さ

　近年の学校では，通常学級における特別な支援を要する児童生徒の存在が大きく取り上げられるようになった。現職教員からの聞き取りでは，児童生徒が感情を抑制できずに突然暴れ出して授業が成立しなくなることがあり，このような児童生徒の対処法を聞かれることが多い。

　他方，学級には問題として取り上げられることは少ないものの，対人関係が苦痛で教室の片隅でひっそりと過ごしている児童生徒がいる。また，家庭では普通に話しているのに学校ではほとんど一言も発しない児童生徒もいる。このような児童生徒は見過ごされがちであるが，社会性や対人関係に関わる課題を抱えており，その割合は少なくない。

　上にあげたような児童生徒に対する教育的支援は，個別支援だけにとどまらず，学級の人間関係の改善なしには考えられない。学級活動や学校行事などの集団活動を通して，学級内のより良い人間関係を形成していく特別活動は，特

第12章　特別な支援や配慮を要する児童生徒

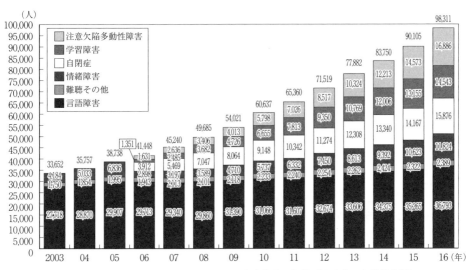

図12-1　通級による指導を受けている児童生徒数の推移（公立小・中学校合計）
出典：文部科学省（2018）「特別支援教育の現状と課題」より。

別な支援を要する児童生徒にとって大きな役割を果たすことが期待される。

（1）通常学級に在籍する発達障害の児童生徒の割合

　ここで，2012（平成24）年の文部科学省調査「通常の学級に在籍する発達障害の可能性のある特別な教育的支援を必要とする児童生徒に関する調査」をみてみよう。通常学級における「発達障害の可能性のある特別な教育的支援を必要とする児童生徒」は，約6.5％となっている。調査対象は，全国の公立の小中学校の通常の学級に在籍する児童生徒であり，調査した学校の在籍児童生徒を母集団とする抽出調査（標本児童生徒数5万3882人（小学校3万5892人，中学校1万7990人）回収率は97％）である。しかしながら本調査は発達障害の専門家チームや医師による診断によるものではない。それゆえ調査結果は，発達障害のある児童生徒の割合を示すものではなく，発達障害の可能性のある特別な教育的支援を必要とする児童生徒の割合を示すことに留意する必要がある。

　ところで，通級学級に通う児童生徒数はこの10年で倍以上に増えている（図

12-1)。このことは，保護者の意識の高まりを表しているともいえる。その中で，担任は良好な人間関係のある学級集団を形成しているかが問われている。

（2）通常学級に在籍する発達障害の児童に対する対応から

前項で示した6.5％を学級に当てはめると，40人学級で2～3人が在籍していることになり，すべての教員が日常の学校生活で接していることになる。

さて，「NPO法人えじそんくらぶ」代表の高山（2007）は，「『自分が人となんか違う。みんなが簡単にできることが私にはできない』という不完全さを感じ」ながらも，小中学校では疎外感を感じたことがなかった。それは，当時の教師には発達障害の知識がないにもかかわらず上手な学級経営をしていたからだという。この実体験に基づいて高山は，「『想いを理解し，支援してくれる人』との出会いがあれば，個性も才能になる」と述べている。言い換えるならば，教師の適切な指導により学校生活で個性を発揮することができれば，児童生徒は自分の存在を肯定的に感じることができる。つまり，教師が子どもの特性に気づき，学級の中で「自分の大切さとともに他人の大切さを認める」人権感覚をもつことが必要なのである。

新小学校学習指導要領特別活動では，特別活動の指導において，「子供一人一人の発達をどのように支援するか（子供の発達を踏まえた指導）」という点と，「個々の児童や集団での生活や活動の場面において，児童の自主性や自発性を尊重しながら展開されるものであり，児童の積極的な活動が展開されていくためには，深い児童理解と相互の信頼関係を前提とした生徒指導の充実が不可欠である」ことが示されている。そこでは，個々の児童生徒の発達を踏まえた指導の上に，学級活動，児童会（生徒会）活動，クラブ活動などの活動を充実させることの必要性が述べられていることに留意しておくことが大切である。これを踏まえ，次項では具体的な事例をあげ考えていきたい。

（3）「場面緘黙」ではないかと思われるQ児への支援事例

「場面緘黙」と呼ばれる児童生徒がいる。この児童生徒たちは，学級の秩序

を乱すこともないので見過ごされがちである。ここでは，学級の枠を超えて関係教職員が連携し，保護者とも密接な関係を築き，専門機関の助言を仰ぎながら学級・学校生活への適応を果たした事例を以下に紹介する。

〈事例1〉

　6年生のQ児は，家庭では普通に家族と会話できるが，学校で言葉を発することはほとんどなく，担任とはわずかに意思疎通ができていた。そのことについて担任は，問題行動として生徒指導部会に報告した。生徒指導部会での協議を経て校長は，保護者と面接し，家庭での状態，できること，話せそうなことなどを聴き取り，校長が懇意にしている病院の精神神経科部長に相談し，診察を依頼した。病院では，医師の診察の後に「WISC-Ⅲ（ウィクスⅢ）」等の検査を行い，病院での治療が始まった。また，保護者の了解を得て，学級担任・生徒指導担当教師・養護教諭・校長が病院に赴き，具体的な対処の仕方について，医師より助言を得ることができた。そのため学校では，医師の助言に従い，Q児が無理をせずにできる次の社会的スキル訓練を実施する。

　毎日，校長室へ来て頭を下げるだけのあいさつから始め，徐々にできることを増やしていく。決して無理強いをせず，Q児ができることだけをする。遅々として進まない時期もあったが，Q児が突然校門で校長にあいさつをし，その日のうちに学級の子どもの会話の中で自分から話し，周囲を驚かせた。

　しかし，ここで終わったわけではない。この後の学年・学級の取組みと中学校に送り出した後の取組みの中に児童たちの成長がみられた。まず，6年生の最後を飾る冬季野外活動が行われたが，児童たちはスキー実習とともに「スタンツ（班ごとの寸劇）大会」「6年間を振り返って」という2つの活動に取り組んだ。スタンツ大会では，Q児も言葉は少ないながら自分の役割を演じきった。また「6年間を振り返って」という「スタンツ大会」後に行われる学校生活に対する思いを語っていく活動においても，自分の思いを訥々と話した。この活動に至るグループでの話し合いの中で，同じグループの児童の一人は「初めてQ児の声を聞いたけど，一番よく喋っていてびっくりしたわ！」と感心して話していたことが印象に残っている。この後，卒業式においても卒業証書を校長からいただく前に自分の夢を語ることができた。

　中学進学後，校長に「ぜひ見ていただきたいものがある」と，Q児が所属するブラスバンド部のコンサートに招かれた。3人の生徒がMCを務めていたが，そこには抜群の働きをしているQ児の姿があった。Q児は，中学校においても半年間にわたり保健室で社会的スキル訓練を受けたが，その後は自ら断り，自分が所属するブラスバンド部のコンサートでは，下級生の中でただ一人MCを務めるなど確固とした地位を築き，最も苦手であった「話す」ことを自ら進んでやり遂げるほどに成長していた。

そこには,「みんなの前では喋れない」ときれぎれに訴えていたQ児の面影は見られなくなっていた。コンサートの後,母親と話す機会があったが,「家庭と同じではありませんが,以前のようなことはなく,必要なことは十分喋ることができるようになりました」と,嬉しそうに話してくれた。

本事例が解決に至った背景には,まず学年や学級での良好な人間関係ができていたことがあげられる。そのことは7月に実施したQ-Uテストにおいて,Q児自身が学級の明るい雰囲気,認め合う関係をあげていたことからもわかる。次に,関係者(保護者,学級担任,養護教諭,スクールカウンセラー,管理職等)の共通理解,病院との連携が上手く行われたことが大きな要因である。

しかし,それだけではない。話そうという気になったQ児の意欲に基づいて,Q児の学級活動や学校行事での活躍が保障されたことが大きい。さらに小学校の活動にとどまることなく,小学校から中学校への引継ぎが丁寧になされ,部活動での活躍に至ったことでいっそうの成長が促されたものと考えられる。

3 問題行動等生徒指導上の諸課題を抱える児童生徒

多くの小学校では,思い通りにならなければ突然(のように見える)キレる児童がいる。このような児童の対応例としてチーム支援について紹介する。

(1) 感情のコントロールができなくて,暴れ出してしまう児童に対する支援

〈事例2〉

4年生のR児は,抜きん出て背が高く体格もよいが,自分の感情を抑えるのが苦手でトラブルの絶えない児童であった。また,正義感が強い面もあり,級友の授業中の立ち歩きや自分勝手な言動を許せず,腹を立てて暴れることも多かった。3年生では,けんかの仲裁をしたときに,反発して暴言を吐いた児童に,感情が抑制できずに,暴力を振るうこともあった。

あるとき,些細なことから一人の児童と言い争い,彼女の顔面を強打してしまった。R児は,落ち着いた段階では,自分がやってしまった行為に落ち込み,反省し,しょげかえっていた。学級担任と生徒指導担当教師はR児を連れて,殴られた女子児童の家庭訪問をした。R児は,女子児童の母親から激しい叱責を受けた。このときから,

R児は父親から放課後の外出を禁止されてしまった。その後のR児の学校での様子はますます不安定な状態になっていった。

　さて，このような児童をどのように理解すればよいのか，また，「怒り」の対処についてどのように考えるか。小林（相川・小林，1999）は「大切なことは2つある。一つは感情の治め方を教えることである。もう一つは適切な怒り方を教えることである」と説く。怒りを子どもの性格や気質と捉えると，対応の仕方がないと諦めてしまうことになりかねない。様々な先行研究や実践を参考にして，怒りのメカニズムを理解すると同時に，怒りの爆発を回避する方法をスキルとして獲得させていくことが可能であることを教職員で共通理解することが大切である。

　そこで生徒指導部会では，まず児童と信頼関係を築くことの大切さ，突然キレるのは性格や気質ではないことを知らせ，マイルズとサウスウィック（2002）は「暴発行動のサイクル」について共通理解することから始めた。何よりも怒りが暴発する前はどんな状態にあるのかを理解することが大切である。怒りを「動揺期」「暴発期」「回復期」の3段階で捉え，①不快な感情，②感情が爆発する前兆（感情が収まるのを待つ），③爆発したときの対応（怒りをエスカレートさせる言葉を聞く），④感情が収まった瞬間の対応（感情コントロールスキル…感情が収まったことに対して認める—共感する），⑤感情を収める言葉をかける，という段階を押さえながら，児童が自己コントロールする力を高めていくことを共通理解した。

　学級担任は，児童の感情が暴発したときには，なだめたり，叱りつけたりと対応に苦慮していた。そこで，暴発期には，ひたすら寄り添い，できるだけ刺激を与えないようにした。この時期には，「馬鹿にしやがって！」「腹が立つ！」等，自分自身の言葉に刺激されて興奮していくことも多いので，「馬鹿にされたと思っているんだね」とか「腹が立つんやね」とか，できるだけ肯定的な柔らかい言葉に置き換えて独り言のようにそっとフィードバックする。

　次に，感情が収まった回復期に，自分の行動を振り返らせるようにし，収まったときの気持ちを大切にするようにした。また，落ち着きを取り戻すため

に「1, 2, 3, 4…」で息を吸い「5」で息を止め,「6, 7, 8, 9, 10」でゆっくりと息を吐き出す呼吸法（西本, 1999）等についても, 学級担任がモデルを示し, R児にロールプレイさせながら教えていった。

　ここで大切なことは, R児が突然キレて暴発してしまわないようにするにはどうすればよいかである。これについては, まずR児自身に「不快な気持ちが起きてから, パニックになって暴発するまでの時間に, 自分の感情をコントロールできるようにするにはどうすればよいか」を考えさせた。最初は,「わからない」と言っていたが, 学級担任はR児に対して不快な感情が起きたときに, その場を離れ, 自ら空き教室に行き, クールダウンする方法を助言した。そうしているうちに, R児自身が, ときには運動場に走りに行くなど, 離席時の工夫を身に付けていった。あるとき, 筆者が廊下の階段を上っていくと, R児が階段を下りてきて「気分が悪いので運動場を2周走ってきます」と声をかけて, 外に飛び出して行くことがあった。この後, 驚くほど興奮することが少なくなっていった。

　ここでの学級担任とR児との関わりの中で大切なことは, 両者間に信頼関係があり心理的に結ばれていたことである。学級担任がR児と良好な関係でつながっていたからこそ, R児は学級担任の助言に素直に耳を傾けたのである。

　マイルズとサウスウィック（2002）は, 動揺期の対応策として「①予防的リフレッシュ法, ②接近による抑止法, ③介入シグナル法, ④タッチング抑止法, ⑤ユーモラス法, ⑥スケジュール呈示法, ⑦興味喚起法, ⑧注意の転換, ⑨児童の困難さを認めていく, ⑩話しかけずに一緒に歩くなど」をあげている。これらは, 担任と児童との信頼関係が築かれていなければ, 児童には刺激にしかならない。近づくだけで, 不快感を催してパニックに陥ってしまうこともありうる。学級担任は児童生徒との間で信頼関係を深めた上で, どのようなやり方で合図を送るかを事前にきちんと話し合っておくことが必要である。

（2）その後の状況（野外活動を通して）

　さて, R児が5年生になったときには, 突然のようにキレることはほとんど

なくなっていたが，一度だけ野外活動の後半に疲れきった状態でスタンツ練習をしているときに大暴れしたことがあった。このときは，学級を超えたグループ活動であったため，R児が自ら席を離れて，クールダウンしていることを知らなかった児童がいたこともあって，ほかの学級の児童が，R児を捜しに行ったことがきっかけであった。十分にクールダウンしていないR児に声をかけたことで，大暴発し取っ組み合いのけんかが始まった。知らせを受けた男性教師が総出で両者を引き離し，双方が落ち着くのを待った。

　この後，学級担任は，スタンツ練習を切り上げ，これまでの事情を説明し，今回の状態になったことについて児童全員での話し合いの場をもたせた。級友の中には，3〜4年生時に比べ，R児のキレる回数が激減してきていることを知っている者もおり，R児の努力を認める発言もあった。その発言を受けた学級担任はほとんど暴れなくなったR児の努力を皆に伝え，全員に協力を求めた。この後，疲れきった状態での野外活動ではあったが，スタンツ大会の練習も，雰囲気にも緊張感が加わり，スタンツ大会は最終日の夜を盛り上げる有意義なものになった。

（3）集団宿泊的行事の意義

　新学習指導要領特別活動では，集団宿泊的行事のねらいと内容について「平素と異なる環境」下，「よりよい人間関係を築くなどの集団生活の在り方や公衆道徳などについての体験を積むこと」が示されている。R児の事例では，児童全員が疲れ切った状態にある中でも，R児の事後の話し合いを契機とし，児童らは，この宿泊的行事を意義のあるものにしようと努力していた。この行事は，児童たちにとって平素の学校での活動とは異なる楽しいものであり，成功させようと意欲をもっていたのである。宿泊を伴う体験活動では，長期にわたると後半部分において必ずといっていいほど様々な人間関係のトラブルが生じてくるが，それを承知の上でプログラムを組んでいくことが大切である。ここでは，R児のキレる行動により，児童たちは，お互いの関わり方についての理解を深め，思い出深い集団宿泊的行事とすることができた。その後の学校へ

帰ってからの活動では、見違えるような積極的な態度をみせるようになった。本事例では佐々木（2014）が指摘する「自己有用感や自己効力感、自尊感情の向上など、一人一人の自己肯定感を高め、共同体としての集団形成に大きく寄与」する態度が育ってきたと考えられる。それは、学校行事が児童たちにとって、平素と異なる生活環境にあって「活動自体の楽しさ」「成功体験」「達成感」などの個人的な体験とともに「人間関係の深まり」「集団の絆の強まり」「所属感・一体感」などが一人ひとりの中に育まれていったからであろうと思われる。

新小学校学習指導要領解説特別活動編においては、「校外における集団活動を通して、（中略）体験を積み、集団生活の在り方について考え、実践し、互いを思いやり、共に協力し合ったりするなどのよりよい人間関係を形成しようとする態度を養う」と述べられている。しかしながら現代社会における家庭や地域での集団的な体験活動の少なさは、様々なトラブルの要因になっていると思われる。

そこで小学校段階においては、「あいさつをする」「聴く・話す」「質問をする」「仲間の誘い方」「頼み方」「断り方」などの社会的スキルをしっかりと身に付けることが大切である。そのことが、より良い人間関係を築くことの基盤となる。また学校は、集団生活の中で課題のある児童生徒の個別支援に終始するのではなく、それも「支援の必要な個性」として受け止めながら、学級集団、学校生活の中で無理なく受け入れられ、個性として発揮することが認められる集団をつくっていくことが重要な視点となっている。

引用文献

相川充・小林正幸（1999）『ソーシャルスキル教育で子どもが変わる 小学校』図書文化社。
伊藤文一・柴田悦子（2015）「生徒の人権感覚を高める特別活動についての一考察
　　──学級集団づくりにおける教師のリーダーシップ行動に着目して」『福岡女学院大学紀要』第25号，53頁。
佐々木正昭（2014）『入門 特別活動』学事出版。
高山恵子編著（2007）『おっちょこちょいにつけるクスリ──ADHDなど発達障害のある子の本当の支援』ぶどう社。
高山恵子（2009）「あったかクラスで育んだ子どもたち」松久真実・米田和子，高山

恵子編集『発達障害の子どもとあったかクラスづくり――通常の学級で無理なくできるユニバーサルデザイン』明治図書，171頁。
西本由美（1999）「中学生へのリラクセイションの試み――10秒呼吸法を通して」兵庫県立教育研修所心の教育総合センター『心の教育授業実践研究』第1号，37頁。
マイルズ，B. S., サウスウィック，J.／冨田真紀監訳，萩原択・嶋垣ナオミ訳（2002）『アスペルガー症候群とパニックへの対処法』東京書籍。
文部科学省（2012）「共生社会の形成に向けたインクルーシブ教育システム構築のための特別支援教育の推進（答申）」。
文部科学省（2017）「小学校学習指導要領解説総則編」。
文部科学省（2017）「小学校学習指導要領解説特別活動編」。

学習の課題

学級の中に次のような児童（生徒）が在籍しているときの対応や支援方法を考えてみよう。
(1) 発達障害と思われる児童（生徒）
(2) 引っ込み思案で孤立しがちな児童（生徒）
(3) 学級ですぐキレてしまう児童（生徒）

【さらに学びたい人のための図書】

中尾繁樹編著（2013）『通常学級で使える「特別支援教育」ハンドブック』明治図書。
　⇨特別支援教育とは……から始まり「わかる授業と楽しい学級づくり」について具体的に書かれており実践につながる格好の入門書である。
大河原美以（2004）『怒りをコントロールできない子の理解と援助』金子書房。
　⇨感情をコントロールし難い子どもたちの発達を支えるために大人がどのように対話するかに示唆を与えている。
マイルズ，B. S., サウスウィック，J.／冨田真紀監訳，萩原択・嶋垣ナオミ訳（2002）『アスペルガー症候群とパニックへの対処法』東京書籍。
　⇨学校でときとして起こるパニックの原因と対処法について，著者らの経験をもとに教育の立場からまとめている。

（黒田睦美，根津隆男，中村　豊）

小学校学習指導要領
第6章　特別活動

第1　目標
　集団や社会の形成者としての見方・考え方を働かせ，様々な集団活動に自主的，実践的に取り組み，互いのよさや可能性を発揮しながら集団や自己の生活上の課題を解決することを通して，次のとおり資質・能力を育成することを目指す。
(1)　多様な他者と協働する様々な集団活動の意義や活動を行う上で必要となることについて理解し，行動の仕方を身に付けるようにする。
(2)　集団や自己の生活，人間関係の課題を見いだし，解決するために話し合い，合意形成を図ったり，意思決定したりすることができるようにする。
(3)　自主的，実践的な集団活動を通して身に付けたことを生かして，集団や社会における生活及び人間関係をよりよく形成するとともに，自己の生き方についての考えを深め，自己実現を図ろうとする態度を養う。

第2　各活動・学校行事の目標及び内容
〔学級活動〕
1　目標
　学級や学校での生活をよりよくするための課題を見いだし，解決するために話し合い，合意形成し，役割を分担して協力して実践したり，学級での話合いを生かして自己の課題の解決及び将来の生き方を描くために意思決定して実践したりすることに，自主的，実践的に取り組むことを通して，第1の目標に掲げる資質・能力を育成することを目指す。
2　内容
　1の資質・能力を育成するため，全ての学年において，次の各活動を通して，それぞれの活動の意義及び活動を行う上で必要となることについて理解し，主体的に考えて実践できるよう指導する。
(1)　学級や学校における生活づくりへの参画
ア　学級や学校における生活上の諸問題の解決
　学級や学校における生活をよりよくするための課題を見いだし，解決するために話し合い，合意形成を図り，実践すること。
イ　学級内の組織づくりや役割の自覚
　学級生活の充実や向上のため，児童が主体的に組織をつくり，役割を自覚しながら仕事を分担して，協力し合い実践すること。
ウ　学校における多様な集団の生活の向上
　児童会など学級の枠を超えた多様な集団における活動や学校行事を通して学校生活の向上を図るため，学級としての提案や取組を話し合って決めること。
(2)　日常の生活や学習への適応と自己の成長及び健康安全
ア　基本的な生活習慣の形成
　身の回りの整理や挨拶などの基本的な生活習慣を身に付け，節度ある生活にすること。
イ　よりよい人間関係の形成
　学級や学校の生活において互いのよさを見付け，違いを尊重し合い，仲よくしたり信頼し合ったりして生活すること。
ウ　心身ともに健康で安全な生活態度の形成
　現在及び生涯にわたって心身の健康を保持増進することや，事件や事故，災害等から身を守り安全に行動すること。
エ　食育の観点を踏まえた学校給食と望ましい食習慣の形成
　給食の時間を中心としながら，健康によい食事のとり方など，望ましい食習慣の形成を図るとともに，食事を通して人間関係をよりよくすること。
(3)　一人一人のキャリア形成と自己実現
ア　現在や将来に希望や目標をもって生きる意欲や態度の形成
　学級や学校での生活づくりに主体的に関わり，自己を生かそうとするとともに，希望や目標をもち，その実現に向けて日常の生活をよりよくしようとすること。
イ　社会参画意識の醸成や働くことの意義の理解
　清掃などの当番活動や係活動等の自己の役割を自覚して協働することの意義を理解し，社会の一員として役割を果たすために必要となることについて主体的に考えて行動すること。
ウ　主体的な学習態度の形成と学校図書館等の

活用
　学ぶことの意義や現在及び将来の学習と自己実現とのつながりを考えたり，自主的に学習する場としての学校図書館等を活用したりしながら，学習の見通しを立て，振り返ること。
3　内容の取扱い
(1)　指導に当たっては，各学年段階で特に次の事項に配慮すること。
〔第1学年及び第2学年〕
　話合いの進め方に沿って，自分の意見を発表したり，他者の意見をよく聞いたりして，合意形成して実践することのよさを理解すること。基本的な生活習慣や，約束やきまりを守ることの大切さを理解して行動し，生活をよくするための目標を決めて実行すること。
〔第3学年及び第4学年〕
　理由を明確にして考えを伝えたり，自分と異なる意見も受け入れたりしながら，集団としての目標や活動内容について合意形成を図り，実践すること。自分のよさや役割を自覚し，よく考えて行動するなど節度ある生活を送ること。
〔第5学年及び第6学年〕
　相手の思いを受け止めて聞いたり，相手の立場や考え方を理解したりして，多様な意見のよさを積極的に生かして合意形成を図り，実践すること。高い目標をもって粘り強く努力し，自他のよさを伸ばし合うようにすること。
(2)　2の(3)の指導に当たっては，学校，家庭及び地域における学習や生活の見通しを立て，学んだことを振り返りながら，新たな学習や生活への意欲につなげたり，将来の生き方を考えたりする活動を行うこと。その際，児童が活動を記録し蓄積する教材等を活用すること。
〔児童会活動〕
1　目　標
　異年齢の児童同士で協力し，学校生活の充実と向上を図るための諸問題の解決に向けて，計画を立て役割を分担し，協力して運営することに自主的，実践的に取り組むことを通して，第1の目標に掲げる資質・能力を育成することを目指す。
2　内　容
　1の資質・能力を育成するため，学校の全児童をもって組織する児童会において，次の各活動を通して，それぞれの活動の意義及び活動を行う上で必要となることについて理解し，主体的に考えて実践できるよう指導する。
(1)　児童会の組織づくりと児童会活動の計画や運営
　児童が主体的に組織をつくり，役割を分担し，計画を立て，学校生活の課題を見いだし解決するために話し合い，合意形成を図り実践すること。
(2)　異年齢集団による交流
　児童会が計画や運営を行う集会等の活動において，学年や学級が異なる児童と共に楽しく触れ合い，交流を図ること。
(3)　学校行事への協力
　学校行事の特質に応じて，児童会の組織を活用して，計画の一部を担当したり，運営に協力したりすること。
3　内容の取扱い
(1)　児童会の計画や運営は，主として高学年の児童が行うこと。その際，学校の全児童が主体的に活動に参加できるものとなるよう配慮すること。
〔クラブ活動〕
1　目　標
　異年齢の児童同士で協力し，共通の興味・関心を追求する集団活動の計画を立てて運営することに自主的，実践的に取り組むことを通して，個性の伸長を図りながら，第1の目標に掲げる資質・能力を育成することを目指す。
2　内　容
　1の資質・能力を育成するため，主として第4学年以上の同好の児童をもって組織するクラブにおいて，次の各活動を通して，それぞれの活動の意義及び活動を行う上で必要となることについて理解し，主体的に考えて実践できるよう指導する。
(1)　クラブの組織づくりとクラブ活動の計画や運営
　児童が活動計画を立て，役割を分担し，協力して運営に当たること。
(2)　クラブを楽しむ活動
　異なる学年の児童と協力し，創意工夫を生か

しながら共通の興味・関心を追求すること。
(3) クラブの成果の発表
　活動の成果について，クラブの成員の発意・発想を生かし，協力して全校の児童や地域の人々に発表すること。
〔学校行事〕
1　目　標
　全校又は学年の児童で協力し，よりよい学校生活を築くための体験的な活動を通して，集団への所属感や連帯感を深め，公共の精神を養いながら，第1の目標に掲げる資質・能力を育成することを目指す。
2　内　容
　1の資質・能力を育成するため，全ての学年において，全校又は学年を単位として，次の各行事において，学校生活に秩序と変化を与え，学校生活の充実と発展に資する体験的な活動を行うことを通して，それぞれの学校行事の意義及び活動を行う上で必要となることについて理解し，主体的に考えて実践できるよう指導する。
(1) 儀式的行事
　学校生活に有意義な変化や折り目を付け，厳粛で清新な気分を味わい，新しい生活の展開への動機付けとなるようにすること。
(2) 文化的行事
　平素の学習活動の成果を発表し，自己の向上の意欲を一層高めたり，文化や芸術に親しんだりするようにすること。
(3) 健康安全・体育的行事
　心身の健全な発達や健康の保持増進，事件や事故，災害等から身を守る安全な行動や規律ある集団行動の体得，運動に親しむ態度の育成，責任感や連帯感の涵養，体力の向上などに資するようにすること。
(4) 遠足・集団宿泊的行事
　自然の中での集団宿泊活動などの平素と異なる生活環境にあって，見聞を広め，自然や文化などに親しむとともに，よりよい人間関係を築くなどの集団生活の在り方や公衆道徳などについての体験を積むことができるようにすること。
(5) 勤労生産・奉仕的行事
　勤労の尊さや生産の喜びを体得するとともに，ボランティア活動などの社会奉仕の精神を養う

体験が得られるようにすること。
3　内容の取扱い
(1) 児童や学校，地域の実態に応じて，2に示す行事の種類ごとに，行事及びその内容を重点化するとともに，各行事の趣旨を生かした上で，行事間の関連や統合を図るなど精選して実施すること。また，実施に当たっては，自然体験や社会体験などの体験活動を充実するとともに，体験活動を通して気付いたことなどを振り返り，まとめたり，発表し合ったりするなどの事後の活動を充実すること。

第3　指導計画の作成と内容の取扱い
1　指導計画の作成に当たっては，次の事項に配慮するものとする。
(1) 特別活動の各活動及び学校行事を見通して，その中で育む資質・能力の育成に向けて，児童の主体的・対話的で深い学びの実現を図るようにすること。その際，よりよい人間関係の形成，よりよい集団生活の構築や社会への参画及び自己実現に資するよう，児童が集団や社会の形成者としての見方・考え方を働かせ，様々な集団活動に自主的，実践的に取り組む中で，互いのよさや個性，多様な考えを認め合い，等しく合意形成に関わり役割を担うようにすることを重視すること。
(2) 各学校においては特別活動の全体計画や各活動及び学校行事の年間指導計画を作成すること。その際，学校の創意工夫を生かし，学級や学校，地域の実態，児童の発達の段階などを考慮するとともに，第2に示す内容相互及び各教科，道徳科，外国語活動，総合的な学習の時間などの指導との関連を図り，児童による自主的，実践的な活動が助長されるようにすること。また，家庭や地域の人々との連携，社会教育施設等の活用などを工夫すること。
(3) 学級活動における児童の自発的，自治的な活動を中心として，各活動と学校行事を相互に関連付けながら，個々の児童についての理解を深め，教師と児童，児童相互の信頼関係を育み，学級経営の充実を図ること。その際，特に，いじめの未然防止等を含めた生徒指導との関連を図るようにすること。
(4) 低学年においては，第1章総則の第2の4

191

の(1)を踏まえ，他教科等との関連を積極的に図り，指導の効果を高めるようにするとともに，幼稚園教育要領等に示す幼児期の終わりまでに育ってほしい姿との関連を考慮すること。特に，小学校入学当初においては，生活科を中心とした関連的な指導や，弾力的な時間割の設定を行うなどの工夫をすること。
(5) 障害のある児童などについては，学習活動を行う場合に生じる困難さに応じた指導内容や指導方法の工夫を計画的，組織的に行うこと。
(6) 第1章総則の第1の2の(2)に示す道徳教育の目標に基づき，道徳科などとの関連を考慮しながら，第3章特別の教科道徳の第2に示す内容について，特別活動の特質に応じて適切な指導をすること。
2 第2の内容の取扱いについては，次の事項に配慮するものとする。
(1) 学級活動，児童会活動及びクラブ活動の指導については，指導内容の特質に応じて，教師の適切な指導の下に，児童の自発的，自治的な活動が効果的に展開されるようにすること。その際，よりよい生活を築くために自分たちできまりをつくって守る活動などを充実するよう工夫すること。
(2) 児童及び学校の実態並びに第1章総則の第6の2に示す道徳教育の重点などを踏まえ，各学年において取り上げる指導内容の重点化を図るとともに，必要に応じて，内容間の関連や統合を図ったり，他の内容を加えたりすることができること。
(3) 学校生活への適応や人間関係の形成などについては，主に集団の場面で必要な指導や援助を行うガイダンスと，個々の児童の多様な実態を踏まえ，一人一人が抱える課題に個別に対応した指導を行うカウンセリング（教育相談を含む。）の双方の趣旨を踏まえて指導を行うこと。特に入学当初や各学年のはじめにおいては，個々の児童が学校生活に適応するとともに，希望や目標をもって生活できるよう工夫すること。あわせて，児童の家庭との連絡を密にすること。
(4) 異年齢集団による交流を重視するとともに，幼児，高齢者，障害のある人々などとの交流や対話，障害のある幼児児童生徒との交流及び共同学習の機会を通して，協働することや，他者の役に立ったり社会に貢献したりすることの喜びを得られる活動を充実すること。
3 入学式や卒業式などにおいては，その意義を踏まえ，国旗を掲揚するとともに，国歌を斉唱するよう指導するものとする。

中学校学習指導要領
第5章 特別活動

第1 目 標
集団や社会の形成者としての見方・考え方を働かせ，様々な集団活動に自主的，実践的に取り組み，互いのよさや可能性を発揮しながら集団や自己の生活上の課題を解決することを通して，次のとおり資質・能力を育成することを目指す。
(1) 多様な他者と協働する様々な集団活動の意義や活動を行う上で必要となることについて理解し，行動の仕方を身に付けるようにする。
(2) 集団や自己の生活，人間関係の課題を見いだし，解決するために話し合い，合意形成を図ったり，意思決定したりすることができるようにする。
(3) 自主的，実践的な集団活動を通して身に付けたことを生かして，集団や社会における生活及び人間関係をよりよく形成するとともに，人間としての生き方についての考えを深め，自己実現を図ろうとする態度を養う。
第2 各活動・学校行事の目標及び内容
〔学級活動〕
1 目 標
学級や学校での生活をよりよくするための課題を見いだし，解決するために話し合い，合意形成し，役割を分担して協力して実践したり，学級での話合いを生かして自己の課題の解決及び将来の生き方を描くために意思決定して実践したりすることに，自主的，実践的に取り組むことを通して，第1の目標に掲げる資質・能力を育成することを目指す。
2 内 容
1の資質・能力を育成するため，全ての学年において，次の各活動を通して，それぞれの活

動の意義及び活動を行う上で必要となることについて理解し，主体的に考えて実践できるよう指導する。
(1) 学級や学校における生活づくりへの参画
ア 学級や学校における生活上の諸問題の解決
　学級や学校における生活をよりよくするための課題を見いだし，解決するために話し合い，合意形成を図り，実践すること。
イ 学級内の組織づくりや役割の自覚
　学級生活の充実や向上のため，生徒が主体的に組織をつくり，役割を自覚しながら仕事を分担して，協力し合い実践すること。
ウ 学校における多様な集団の生活の向上
　生徒会など学級の枠を超えた多様な集団における活動や学校行事を通して学校生活の向上を図るため，学級としての提案や取組を話し合って決めること。
(2) 日常の生活や学習への適応と自己の成長及び健康安全
ア 自他の個性の理解と尊重，よりよい人間関係の形成
　自他の個性を理解して尊重し，互いのよさや可能性を発揮しながらよりよい集団生活をつくること。
イ 男女相互の理解と協力
　男女相互について理解するとともに，共に協力し尊重し合い，充実した生活づくりに参画すること。
ウ 思春期の不安や悩みの解決，性的な発達への対応
　心や体に関する正しい理解を基に，適切な行動をとり，悩みや不安に向き合い乗り越えようとすること。
エ 心身ともに健康で安全な生活態度や習慣の形成
　節度ある生活を送るなど現在及び生涯にわたって心身の健康を保持増進することや，事件や事故，災害等から身を守り安全に行動すること。
オ 食育の観点を踏まえた学校給食と望ましい食習慣の形成
　給食の時間を中心としながら，成長や健康管理を意識するなど，望ましい食習慣の形成を図

るとともに，食事を通して人間関係をよりよくすること。
(3) 一人一人のキャリア形成と自己実現
ア 社会生活，職業生活との接続を踏まえた主体的な学習態度の形成と学校図書館等の活用
　現在及び将来の学習と自己実現とのつながりを考えたり，自主的に学習する場としての学校図書館等を活用したりしながら，学ぶことと働くことの意義を意識して学習の見通しを立て，振り返ること。
イ 社会参画意識の醸成や勤労観・職業観の形成
　社会の一員としての自覚や責任を持ち，社会生活を営む上で必要なマナーやルール，働くことや社会に貢献することについて考えて行動すること。
ウ 主体的な進路の選択と将来設計
　目標をもって，生き方や進路に関する適切な情報を収集・整理し，自己の個性や興味・関心と照らして考えること。
3 内容の取扱い
(1) 2の(1)の指導に当たっては，集団としての意見をまとめる話合い活動など小学校からの積み重ねや経験を生かし，それらを発展させることができるよう工夫すること。
(2) 2の(3)の指導に当たっては，学校，家庭及び地域における学習や生活の見通しを立て，学んだことを振り返りながら，新たな学習や生活への意欲につなげたり，将来の生き方を考えたりする活動を行うこと。その際，生徒が活動を記録し蓄積する教材等を活用すること。
〔生徒会活動〕
1 目標
　異年齢の生徒同士で協力し，学校生活の充実と向上を図るための諸問題の解決に向けて，計画を立て役割を分担し，協力して運営することに自主的，実践的に取り組むことを通して，第1の目標に掲げる資質・能力を育成することを目指す。
2 内容
　1の資質・能力を育成するため，学校の全生徒をもって組織する生徒会において，次の各活動を通して，それぞれの活動の意義及び活動を

行う上で必要となることについて理解し，主体的に考えて実践できるよう指導する。
(1) 生徒会の組織づくりと生徒会活動の計画や運営
　生徒が主体的に組織をつくり，役割を分担し，計画を立て，学校生活の課題を見いだし解決するために話し合い，合意形成を図り実践すること。
(2) 学校行事への協力
　学校行事の特質に応じて，生徒会の組織を活用して，計画の一部を担当したり，運営に主体的に協力したりすること。
(3) ボランティア活動などの社会参画
　地域や社会の課題を見いだし，具体的な対策を考え，実践し，地域や社会に参画できるようにすること。

〔学校行事〕
1　目標
　全校又は学年の生徒で協力し，よりよい学校生活を築くための体験的な活動を通して，集団への所属感や連帯感を深め，公共の精神を養いながら，第1の目標に掲げる資質・能力を育成することを目指す。
2　内容
　1の資質・能力を育成するため，全ての学年において，全校又は学年を単位として，次の各行事において，学校生活に秩序と変化を与え，学校生活の充実と発展に資する体験的な活動を行うことを通して，それぞれの学校行事の意義及び活動を行う上で必要となることについて理解し，主体的に考えて実践できるよう指導する。
(1) 儀式的行事
　学校生活に有意義な変化や折り目を付け，厳粛で清新な気分を味わい，新しい生活の展開への動機付けとなるようにすること。
(2) 文化的行事
　平素の学習活動の成果を発表し，自己の向上の意欲を一層高めたり，文化や芸術に親しんだりするようにすること。
(3) 健康安全・体育的行事
　心身の健全な発達や健康の保持増進，事件や事故，災害等から身を守る安全な行動や規律ある集団行動の体得，運動に親しむ態度の育成，責任感や連帯感の涵養，体力の向上などに資するようにすること。
(4) 旅行・集団宿泊的行事
　平素と異なる生活環境にあって，見聞を広め，自然や文化などに親しむとともに，よりよい人間関係を築くなどの集団生活の在り方や公衆道徳などについての体験を積むことができるようにすること。
(5) 勤労生産・奉仕的行事
　勤労の尊さや生産の喜びを体得し，職場体験活動などの勤労観・職業観に関わる啓発的な体験が得られるようにするとともに，共に助け合って生きることの喜びを体得し，ボランティア活動などの社会奉仕の精神を養う体験が得られるようにすること。
3　内容の取扱い
(1) 生徒や学校，生徒の実態に応じて，2に示す行事の種類ごとに，行事及びその内容を重点化するとともに，各行事の趣旨を生かした上で，行事間の関連や統合を図るなど精選して実施すること。また，実施に当たっては，自然体験や社会体験などの体験活動を充実するとともに，体験活動を通して気付いたことなどを振り返り，まとめたり，発表し合ったりするなどの事後の活動を充実すること。

第3　指導計画の作成と内容の取扱い
1　指導計画の作成に当たっては，次の事項に配慮するものとする。
(1) 特別活動の各活動及び学校行事を見通して，その中で育む資質・能力の育成に向けて，生徒の主体的・対話的で深い学びの実現を図るようにすること。その際，よりよい人間関係の形成，よりよい集団生活の構築や社会への参画及び自己実現に資するよう，生徒が集団や社会の形成者としての見方・考え方を働かせ，様々な集団活動に自主的，実践的に取り組む中で，互いのよさや個性，多様な考えを認め合い，等しく合意形成に関わり役割を担うようにすることを重視すること。
(2) 各学校においては特別活動の全体計画や各活動及び学校行事の年間指導計画を作成すること。その際，学校の創意工夫を生かし，学級や学校，地域の実態，生徒の発達の段階などを考

慮するとともに，第2に示す内容相互及び各教科，道徳科，総合的な学習の時間などの指導との関連を図り，生徒による自主的，実践的な活動が助長されるようにすること。また，家庭や地域の人々との連携，社会教育施設等の活用などを工夫すること。
(3) 学級活動における生徒の自発的，自治的な活動を中心として，各活動と学校行事を相互に関連付けながら，個々の生徒についての理解を深め，教師と生徒，生徒相互の信頼関係を育み，学級経営の充実を図ること。その際，特に，いじめの未然防止等を含めた生徒指導との関連を図るようにすること。
(4) 障害のある生徒などについては，学習活動を行う場合に生じる困難さに応じた指導内容や指導方法の工夫を計画的，組織的に行うこと。
(5) 第1章総則の第1の2の(2)に示す道徳教育の目標に基づき，道徳科などとの関連を考慮しながら，第3章特別の教科道徳の第2に示す内容について，特別活動の特質に応じて適切な指導をすること。
2　第2の内容の取扱いについては，次の事項に配慮するものとする。
(1) 学級活動及び生徒会活動の指導については，指導内容の特質に応じて，教師の適切な指導の下に，生徒の自発的，自治的な活動が効果的に展開されるようにすること。その際，よりよい生活を築くために自分たちできまりをつくって守る活動などを充実するよう工夫すること。
(2) 生徒及び学校の実態並びに第1章総則の第6の2に示す道徳教育の重点などを踏まえ，各学年において取り上げる指導内容の重点化を図るとともに，必要に応じて，内容間の関連や統合を図ったり，他の内容を加えたりすることができること。
(3) 学校生活への適応や人間関係の形成，進路の選択などについては，主に集団の場面で必要な指導や援助を行うガイダンスと，個々の生徒の多様な実態を踏まえ，一人一人が抱える課題に個別に対応した指導を行うカウンセリング（教育相談を含む。）の双方の趣旨を踏まえて指導を行うこと。特に入学当初においては，個々の生徒が学校生活に適応するとともに，希望や目標をもって生活をできるよう工夫すること。あわせて，生徒の家庭との連絡を密にすること。
(4) 異年齢集団による交流を重視するとともに，幼児，高齢者，障害のある人々などとの交流や対話，障害のある幼児児童生徒との交流及び共同学習の機会を通して，協働することや，他者の役に立ったり社会に貢献したりすることの喜びを得られる活動を充実すること。
3　入学式や卒業式などにおいては，その意義を踏まえ，国旗を掲揚するとともに，国歌を斉唱するよう指導するものとする。

索　引
（＊は人名）

あ 行

＊相川充　183
あいさつ運動　50
アサーション・トレーニング　99
朝の会　97
アセスメント　176
安全教育　20
委員会活動　50
生き方　118
生きる力　17
いじめ　51
異年齢　49
インクルーシブ教育　173
インターンシップ　170
＊上森さくら　45
運営　49
運動会　4
援助　94
横断的　68
横断的な視点　80
折り合い　101

か 行

ガイダンス　94
開発的　95
カウンセリング　94
帰りの会　97
課外活動　4
係活動　123
学業と進路　166
学芸会　67
学習意欲　49
学習過程　49
学習指導要領　19
学習発表会　67
学習評価　34
課題発見　118

学級活動　1
学級活動の目標　128
学級規範　120
学級経営　111
学級集団　111
学級組織　119, 135
学級担任　128
学級通信　135
学級づくり　122
学級雰囲気　99
学級目標　120
学校基本調査　167
学校教育法　17
学校教育法施行規則　6, 19
学校行事　1
学校生活　51, 135
学校づくり　52
カリキュラム　88
カリキュラム・マネジメント　79
鑑賞会　67
観点別評価　40
儀式的行事　26
基準　37
規準　37
絆　53
基礎集団　149
基礎的・汎用的能力　160
義務教育　142, 164
キャリア教育　20
キャリア形成　164
キャリア・パスポート　162
キャリア発達　86, 164
給食当番　136
教育活動（学習活動）　32
教育活動全体　165
教育課程　1, 19
教育課程審議会　7
教育基本法　5, 17

索引

教育相談　94
教育勅語　4
教育的ニーズ　174
教育の目標　86
教科外　81
教科教育　2
教科指導　9
教科等　68
共生社会　173
共通理解　109
協働　119
協力　65
規律　70
勤労生産・奉仕的行事　26
クールダウン　184
クラブ活動　1, 109
グループアプローチ　89
計画　49
KJ法　132
形成的評価　42
啓発的　170
健康安全・体育的行事　26
合意形成　26
高学年　49
公共の精神　65, 137
公衆道徳　76
校内体制　109
校務分掌　145
合理的配慮　175
国立教育政策研究所　158
個人内評価　44
＊小林正幸　183
個別指導　10
コミュニケーション能力　88

さ　行

＊サウスウィック，J.　183, 184
＊佐々木正昭　98, 186
サポート　152
支援　101
資格化　143
事後学習　75

自己教育力　120
自己肯定感　153
自己実現　22
自己と他者　151
自己の将来　160
自己評価　43
自己表現　99
自己有用感　30
自己理解　129
資質・能力　19
自主的　49
事前指導　77
自尊感情　100
自尊心　102
自他のよさ　67
自治の能力　20
実践的　49, 65
指導　94
児童会活動　1, 109
指導計画　88
指導原理　111
児童生徒理解　176
指導要録　40
自発的　110
社会化　143
社会参画　20
社会参画意識　163
社会人基礎力　20, 164
社会性　91
社会づくり　160
社会的規範　143
社会的スキル　89
社会の一員　84, 163
社会の形成者　54
修学旅行　4
就業体験　170
自由研究　5
修身　5
集団行動　70
集団指導　10
集団の問題　118
授業時数　81

197

主権者教育　59, 143
主体化　143
主体的　117
障害者基本法　173
障害者の権利に関する条約　173
小学校学習指導要領解説総則編　18, 19
上級学校　73
省察　37
小集団　133
成就感　69
ショートホームルーム　150
食育　8, 120
職場体験　169
職場体験活動　73
所属　117
所属感　52
進学指導　164
人権　146
診断的評価　42
進路指導　95, 145
進路相談　168
親和的　138
ストレスマネジメント　89
生活指導　10
生活づくり　65
清掃活動　136
生徒会活動　1
生徒会組織　135
生徒指導　94
『生徒指導提要』　94
生徒理解　129
責任感　69
積極的な生徒指導　29
絶対評価　36
説明責任　35
選挙権　143
全校　65
全体計画　111
創意工夫　109
総括的評価　43
総合的な学習の時間　66
相互評価　43

相互理解　89, 139
相対評価　35
組織づくり　49
尊重　154

　　　　　　　　た　行

体験活動　20
大正デモクラシー　5
対人関係　89
代表委員会活動　50
対話　153
＊高浦勝義　45
＊髙橋哲夫　94
＊高山恵子　180
達成感　69
縦割り　60
多様な考え方　131
探究的な学習　67
団結力　138
単元計画　83
地域活動　54
小さな社会　59
チームワーク　129
中央教育審議会　80
中央教育審議会答申　158
中学年　113
直接体験　65
通級指導　175
通級指導教室　176
通知表（通信票）　32
つながり　53
＊津村俊充　152
低学年　50
定時制　142
DESC　102
天皇制国家　4
東京師範学校　4
道徳科　86
道徳教育　86
道徳性　88
道徳的　87
道徳的実践　87

索　引

道徳的実践力　87
当番活動　123
特質　81
特別活動の目標　126
特別支援学級　176
特別支援学校　84, 174
特別支援教育　173
特別の教科　道徳　1
トライやる・ウィーク　26

な　行

＊中村豊　24, 27
＊西本由美　184
日直　136
日本国憲法　5
人間関係　88
人間関係形成　22, 144
人間関係スキル　95
人間性　91
年間指導計画　109, 145
望ましい集団活動　95

は　行

発達障害　62, 175
発達促進　95
発達の段階　86
話合い活動　26
パフォーマンス評価　44
場面緘黙　180
PDCA サイクル　42
＊ビースタ, G.　143
PISA　143
非認知的能力　23
評価　32
評価規準　39
評定　32
フォロアーシップ　14

普通科　142
振り返り　131
文化　52
文化祭　67
文化的行事　26
防災　20
ポートフォリオ評価　44
ホームルーム　61, 145
ホームルーム運営　148
ホームルーム活動　1
ホームルームづくり　148
保護者との連携　139
ボランティア学習　166
ボランティア活動　54
ボランティア教育　166
＊堀公俊　156

ま　行

＊マイルズ, B. S.　183, 184
マナー　178
マンネリ化　137
目標に準拠した評価　35

や　行

野外活動　76
役割分担　124
豊かな情操　68
ユニバーサル化　177
予防　99
よりよい人間関係　52, 95

ら　行

リーダーシップ　14
ルーティンワーク　137
ルーブリック評価　44
連帯感　52

監修者

原　清治（佛教大学副学長・教育学部教授）
春日井敏之（立命館大学名誉教授・近江兄弟社高等学校校長）
篠原正典（佛教大学名誉教授）
森田真樹（立命館大学大学院教職研究科教授）

執筆者紹介（所属，執筆分担，執筆順，＊は編者）

＊中村　豊（編著者紹介：はじめに，第2章，第6章この章で学ぶこと・1・4節，第7章この章で学ぶこと，第11章この章で学ぶこと・3節，第12章2・3節）

＊原　清治（編著者紹介：第1章）

岡邑　衛（甲南大学准教授：第3章，第11章1・4節）

森原かおり（神戸市立有野小学校教頭：第4章この章で学ぶこと・1節，第5章，第6章2・3節）

橋本奈々重（神戸市立義務教育学校校長：第4章2節，第5章3・4節，第6章この章で学ぶこと・2・3節）

黒田睦美（丹波市立中央小学校校長：第4章3節，第12章この章で学ぶこと・1節）

小原淳一（千里金蘭大学講師：第4章4節，第10章）

根津隆男（姫路大学非常勤講師：第7章1節，第12章2・3節）

黒木幸敏（神戸松蔭大学教授：第7章2・3節）

秋山麗子（神戸松蔭大学教授：第8章，第11章2節）

池原征紀（芦屋市教育委員会学校支援課主査：第9章）

編著者紹介

中村　豊（なかむら・ゆたか）
1961年　生まれ。
現　在　東京理科大学教育支援機構教職教育センター教授。
主　著　『子どもの基礎的人間力養成のための積極的生徒指導――児童生徒における「社会性の育ちそびれ」の考察』（単著）学事出版，2013年。
　　　　『子どもの社会性を育む積極的生徒指導』（単著）学事出版，2015年。

原　清治（はら・きよはる）
1960年　生まれ。
現　在　佛教大学副学長・教育学部教授。
主　著　『学力論争とはなんだったのか』（共著）ミネルヴァ書房，2005年。
　　　　『教育の比較社会学［増補版］』（編著）学文社，2008年。

新しい教職教育講座　教職教育編⑨
特別活動

2018年3月31日　初版第1刷発行　〈検印省略〉
2025年5月30日　初版第11刷発行

定価はカバーに表示しています

監 修 者	原　清治／春日井敏之 篠原正典／森田真樹
編 著 者	中村　豊／原　清治
発 行 者	杉田　啓三
印 刷 者	坂本　喜杏

発行所　株式会社　ミネルヴァ書房
607-8494　京都市山科区日ノ岡堤谷町1
電話代表　(075)581-5191
振替口座　01020-0-8076

©中村・原ほか，2018　冨山房インターナショナル・吉田三誠堂製本
ISBN 978-4-623-08192-9
Printed in Japan

新しい教職教育講座

原 清治・春日井敏之・篠原正典・森田真樹 監修

全23巻

（Ａ５判・並製・各巻平均220頁・各巻2000円（税別））

教職教育編
① 教育原論　　　　　　　　　　　　　　山内清郎・原 清治・春日井敏之 編著
② 教職論　　　　　　　　　　　　　　　　　久保富三夫・砂田信夫 編著
③ 教育社会学　　　　　　　　　　　　　　　　原 清治・山内乾史 編著
④ 教育心理学　　　　　　　　　　　　　　　　神藤貴昭・橋本憲尚 編著
⑤ 特別支援教育　　　　　　　　　　　　　　　原 幸一・堀家由妃代 編著
⑥ 教育課程・教育評価　　　　　　　　　　　　細尾萌子・田中耕治 編著
⑦ 道徳教育　　　　　　　　　　　　　　　　　荒木寿友・藤井基貴 編著
⑧ 総合的な学習の時間　　　　　　　　　　　　森田真樹・篠原正典 編著
⑨ 特別活動　　　　　　　　　　　　　　　　　　中村 豊・原 清治 編著
⑩ 教育の方法と技術　　　　　　　　　　　　　篠原正典・荒木寿友 編著
⑪ 生徒指導・進路指導［第２版］　　　　　　　春日井敏之・山岡雅博 編著
⑫ 教育相談　　　　　　　　　　　　　　　　　春日井敏之・渡邉照美 編著
⑬ 教育実習・学校体験活動　　　　　　　　　　　小林 隆・森田真樹 編著

教科教育編
① 初等国語科教育　　　　　　　　　　　　　　井上雅彦・青砥弘幸 編著
② 初等社会科教育　　　　　　　　　　　　　　　中西 仁・小林 隆 編著
③ 算数科教育　　　　　　　　　　　　岡本尚子・二澤善紀・月岡卓也 編著
④ 初等理科教育　　　　　　　　　　　　　　　山下芳樹・平田豊誠 編著
⑤ 生活科教育　　　　　　　　　　　　　　　　　鎌倉 博・船越 勝 編著
⑥ 初等音楽科教育　　　　　　　　　　　　　　　　　　　高見仁志 編著
⑦ 図画工作科教育　　　　　　　　　　　　　　波多野達二・三宅茂夫 編著
⑧ 初等家庭科教育　　　　　　　　　　　　　　三沢徳枝・勝田映子 編著
⑨ 初等体育科教育　　　　　　　　　　　　　　石田智巳・山口孝治 編著
⑩ 初等外国語教育　　　　　　　　　　　　　　　　　　　湯川笑子 編著

ミネルヴァ書房
https://www.minervashobo.co.jp/